AF300335

LA
RÉPUBLIQUE

PARIS

E. DENTU, LIBRAIRE-ÉDITEUR

Palais-Royal, Galerie d'Orléans.

—

1875

LA RÉPUBLIQUE

LES THÉORIES

LA RÉPUBLIQUE IDÉALE

La République peut être définie d'une façon abstraite: le gouvernement d'un peuple par lui-même. Telle est, dégagée de toute question de représentation et d'institution des pouvoirs, de tous préjugés injustes ou légitimes, des souvenirs du passé et des projets de bouleversement pour l'avenir, la notion générale de cette forme de gouvernement.

Le gouvernement du peuple par lui-même semble satisfaire plus qu'un autre le désir d'indépendance si naturel à l'homme. Sa vanité n'est pas moins flattée par l'abaissement de tous à son niveau. Pour assurer cette liberté et cette égalité, il a besoin de l'aide de ses semblables. D'où les trois grands mots, dont la République a fait sa devise, comme s'ils résumaient ce qu'on peut attendre d'elle : liberté, égalité, fraternité.

En effet, en supprimant le monarque héréditaire et en le remplaçant par un chef de son choix et révocable, ne conserve-t-on pas toute sa liberté ? Le monarque étant supprimé et avec lui les castes déléguées de sa puissance, l'égalité ne s'établit-elle pas forcément ? Et le devoir plus doux de la fraternité ne remplace-t-il pas avantageusement le lien social de l'autorité ?

A quoi bon ces tuteurs des peuples, qu'on appelle rois ou empereurs, quand on veut la justice, et quand on se sent le courage et la force de la faire respecter, quand on est prêt à remplir tous ses devoirs, quand ne se reconnaissant plus de supérieur sur cette terre, on se soumet humblement au juge et au maître commun, qui est au ciel ? Dans une telle société, le roi, et jusqu'au plus infime représentant de son autorité, devient inutile, devient dangereux même, car n'est-il pas à craindre, que, moins parfait que de si vertueux sujets, il n'use de son pouvoir contre eux et au profit de ses passions, le despotisme, l'amour du faste ou de la gloire des armes ?

Malheureusement cette société sans défaut n'existe pas en France, et les républicains en sont moins que d'autres des spécimens épars ; ils s'y trouveraient même peu à leur aise.

Cependant bien des esprits honnêtes et modérés sont séduits par cette République idéale. A force de la rêver, ils la désirent, ils la croient possible et même nécessaire ; ils n'hésitent pas à déclarer qu'elle seule peut guérir tous nos maux et développer le germe de toutes nos vertus, qu'elle est l'âge d'or et la paix universelle ; pour eux elle devient légitime et de droit divin. Etrange illusion ! Pour caresser cette chimère, il faut oublier ce qu'on sait, fermer les yeux à ce qu'on voit, espérer le bien là où le mal est seul à prévoir ; il faut renier l'une après l'autre toutes les républiques que nous avons eues, renverser toutes les idoles républicaines, se séparer des républicains surtout des républicains ardents et de vieille date, des *vrais*, des *purs*, et oser affirmer que des hommes nouveaux surgiront aussi intègres, aussi intelligents, aussi libéraux que leurs devanciers l'étaient peu, et formeront une nouvelle république contre-partie exacte des précédentes.

Sur quoi se fonde-t-on pour croire que la république ne ressemblera plus à la république, ni les républicains aux républicains ? Sur l'idéal qu'on s'en fait. On se tient de bonne foi et sans rire ce singulier raisonnement : Pour qu'un pays puisse vivre et prospérer en république, il faut que l'immense majorité des citoyens soit d'une grande honnêteté politique et d'une grande moralité privée ; or, ce n'est pas le cas de la France ; donc proclamons la république, et les vertus républicaines ne peuvent manquer de survenir. L'éclosion des vertus couvées par la république, nous l'avons tous vue avec effroi : de son vrai nom elle s'appelle démoralisation.

Cette république d'imagination est bien vieille sans avoir jamais existé. Les philosophes de l'antiquité s'en amusaient déjà comme d'une agréable utopie. Ils rêvaient une république dont les citoyens seraient triés avec soin, tous honnêtes, intelligents, de profession libérale ; où les passions mauvaises et les crimes seraient inconnus ; où l'on vivrait de jolis discours, de conversations morales, de rêveries philanthropiques, loin de tout ennemi envahisseur, sans maladie, sans misère, sans accidents, sans aucun des soins matériels et avilissants de la vie.

Mais ils n'y croyaient pas. Un Grec (Hérodote) a dit : « La monarchie est le meilleur gouvernement. » Un Romain (Tite-Live) : « La monarchie est la plus belle chose qui existe au ciel et sur la terre. »

Et pourtant cette utopie a été réalisée. Le Christ a établi sur la terre une république immortelle et universelle. Toujours attaquée et toujours triomphante, elle a vu crouler autour d'elle les républiques, les royaumes et les empires, sans être ébranlée, et elle subsistera jusqu'à la fin des siècles. Là, les mots de liberté, égalité, fraternité, ne sont plus un masque pour toutes les licences, mais une réalité; là, tout homme ne dépend que de Dieu et de sa conscience; là, le pauvre et le riche, l'infirme et le fort, le prince et l'artisan sont égaux; là, il y a peu de droits et beaucoup de devoirs, et la charité enfante des merveilles. L'Eglise la première, aux temps de grande foi, a pratiqué le suffrage universel et affirmé la liberté individuelle; tous les progrès de la civilisation ont été accomplis par elle ou à son instigation; le socialisme lui-même n'est qu'une parodie absurde de ses institutions libérales.

Mais cette république-là, — quoiqu'ils se soient approprié ses grands principes pour les dénaturer en inepties à leur usage, — les vrais républicains s'en soucient généralement fort peu.

LES RÉPUBLIQUES MODÈLES.

La République idéale a donc un défaut capital: elle ne peut être réalisée sur cette terre, dans les conditions actuelles de la société, telle qu'elle est conçue. Il faut nécessairement choisir entre les formes diverses sous lesquelles on l'a partiellement pratiquée. Mais à prendre une forme ou une autre les républiques réelles perdent bien vite toute ressemblance avec leur idéal, et dès lors aussi l'assentiment des esprits qui s'aperçoivent de divergences profondes, de répugnances invincibles, dans l'application des mêmes théories.

Des essais qui en ont été faits en France, — toujours malheureux, malgré la diversité des temps, des circonstances et des hommes, — il semblerait que l'expérience dût être concluante.

Cependant il est des aveugles volontaires, qui ne veulent voir, ni quels enseignements leur offre l'histoire lamentable du passé, ni quelles sombres trames ourdissent derrière eux leurs comparses, ni quels programmes leur sont fatalement imposés pour l'avenir, et qui cherchent au loin, en d'autres temps et en d'autres lieux, des exemples de républiques plus heureuses, pour nous les montrer comme modèles.

Certes, le régime républicain n'étant pas nécessairement l'anarchie ou la dictature, certains peuples, se gardant contre ces deux excès inévitables de la république en France, ont pu devenir avec elle puissants et prospères. Mais pour conclure logiquement du succès de ces républiques éteintes ou lointaines au succès assuré, ou seulement probable, d'une république française, ne faudrait-il pas d'abord établir que nous nous trouvons actuellement, ou nous trouverons bientôt, dans une situation d'esprit, de mœurs, de caractère, de besoins matériels, de nécessités et d'aspirations sociales, analogue à celle de ces peuples tant vantés, et que la république de nos rêves est bien celle qu'ils ont réalisée ? Pour que l'exemple de la Grèce, de Rome, de la Suisse et des Etats-Unis, puisse prouver l'utilité d'une proclamation de la République en France, il faudrait d'abord démontrer que la prospérité de ces Etats tient à la forme même de leur gouvernement, et que nous nous trouvons dans les dispositions favorables pour qu'une modification de notre constitution nous assure le même résultat.

Car « une constitution qui est faite pour toutes les nations n'est faite pour aucune. » (J. de Maistre.)

Or le moindre examen suffit pour se convaincre — que ces républiques ne sont pas toutes à proposer en exemple ; — que l'étiquette républicaine n'est pas la cause de leur prospérité et qu'elle n'a jamais eu pour eux le sens qu'elle a pour nous ; — que la France diffère par des points essentiels de toutes les républiques pas-sées et présentes ; — que loin de se rapprocher de ces modèles par les institutions et par les mœurs, elle s'en éloigne de plus en plus grâce au progrès des idées révo-lutionnaires, si bien que la France de l'ancien régime eût été plus facilement transformée en république que la France actuelle ; — enfin qu'une république française, si l'on admet qu'elle ne doive pas se ressembler à elle-même, réunirait au moins les plus sûres condi-tions pour ressembler à certaines républiques contem-poraines, si peu renommées par la gloire des armes et la prospérité matérielle, qu'on n'en parle jamais qu'à l'occasion de quelque nouvelle catastrophe.

Notre première révolution était pleine de ressouve-nirs antiques : elle s'était choisi la Grèce et Rome pour modèles, et elle singea servilement les institutions, les mœurs, et jusqu'aux noms et aux costumes de ces peuples engloutis jadis dans leur propre corruption.

Et pourtant nos sentiments les plus légitimes, comme nos plus chers préjugés, seraient bien froissés par le régime politique et social de ces républiques. Toutes sacrifiaient la famille à l'État, toutes étaient à la merci des classes riches, toutes ne vivaient que par l'escla-vage.

La Grèce, qu'on admire encore de confiance, était un modèle de dégradation, d'erreur et de dévergondage. Caton l'ancien la condamnait déjà : « Croyez qu'un ora-cle vous parle, quand je vous dis : Partout où cette

nation apportera ses doctrines, elle corrompra tout. »
Pline appelait les Grecs *pères de tous les vices*. Elle
était morcelée en républiques microscopiques, grosses
comme nos sous-préfectures ; Athènes, Sparte, Thèbes,
Corinthe, chaque bourg, s'y disputaient la suprématie,
par tous moyens, la trahison, l'assassinat, l'or et les
troupes du roi de Perse; le pillage y était érigé en
institution, où chacun avait ses droits : Sparte ravageait
la terre, Athènes la mer ; le travail était méprisé, il y
avait quarante esclaves pour un homme libre.

Les plus grands penseurs de la Grèce ont dit sur le
travail des choses étonnantes. Platon appelait les cor-
donniers et les forgerons « vils mercenaires, miséra-
bles sans nom, qui sont exclus par leur état même du
titre de citoyen. » Aristote prétendait de même qu'une
« bonne constitution ne devait jamais admettre les
artisans parmi les citoyens. » « Les arts manuels, dit
Xénophon, sont infâmes et indignes d'un citoyen. »
Aussi à Sparte était-il défendu à tout citoyen d'être
artisan ou agriculteur ; à Thèbes, celui qui avait tou-
ché un outil devait se purifier par une oisiveté de dix
ans ; à Athènes, personne n'eut jamais la fantaisie de
travailler.

La sobre Sparte, l'héroïque Sparte, un des modèles
préférés des vertus républicaines, vertus dont Périclès
disait qu'elles faisaient peur quand elles ne faisaient
pas pis, Sparte n'était qu'une école de lutteurs. Les
enfants difformes étaient tués ; filles et garçons lut-
taient nus et pêle-mêle. Les femmes n'appartenaient
pas à leurs maris, mais à l'Etat, et devaient se tenir
prêtes à fournir des citoyens à première réquisition. Les
hommes étaient dressés au vol et au meurtre. Chaque
année à l'époque de la cryptie, on organisait des chasses

à l'homme, et les massacres se faisaient en grand et légalement. C'était le communisme chez des sauvages aristocrates Point de commerce, d'industrie, de lettres, d'arts ni de sciences. Tout cela était banni de Sparte; on n'y honorait que la force brutale dans tous ses déportements.

Athènes est presque la seule république démocratique de l'antiquité. Le peuple y était cependant divisé en quatre classes, et les trois premières s'étaient réservé les charges importantes : d'elles sortaient les archontes et l'aréopage. Mais la plèbe avait sa part au gouvernement; elle défaisait les lois, créait des despotes et bannissait les hommes intelligents. Tous ceux qui s'étaient signalés par une vertu ou un courage relatifs étaient punis : Aristide banni parce qu'il était juste; banni Miltiade, vainqueur de Marathon; banni Thémistocle, vainqueur de Salamine; banni Cimon, vainqueur de l'Eurymédon; banni Alcibiade, vainqueur d'Abydos; Périclès ruiné par une amende; Socrate légalement empoisonné; Phocion empoisonné; Démosthènes banni; enfin Philopœmen, le dernier des Grecs, empoisonné. A Athènes on vivait de bavardages sur la place publique; on gouvernait, on accusait, on jugeait, on condamnait. Chaque citoyen était payé pour assister à ces assemblées quotidiennes, payé pour dénoncer, payé pour juger, et recevait de plus sa part des victimes immolées dans les temples. Les esclaves et la piraterie fournissaient l'argent nécessaire. Point de famille : la femme et l'enfant légitimes étaient méprisés ; l'enfant d'esclave était tué comme trop coûteux à élever. On estime à un millier le nombre d'enfants égorgés chaque jour dans toute la Grèce. On s'adonnait aux lettres et aux arts entre des courtisanes et des éphèbes. Les dieux étaient publiquement ridiculisés sur le théâtre, mais on représentait leurs amours dans les temples, et pendant lés Thargélies on leur offrait des victimes humaines.

« L'usage des sacrifices humains persista aux plus beaux temps de la Grèce. »

Aussi fallut-il pour forcer toutes ces républiques de brigands, de pirates, de bavards et de débauchés, à quelque grande entreprise, la main puissante des rois de Macédoine, les entraînant subjugués à une conquête éphémère de l'Orient.

Qui voudrait abaisser son pays jusqu'à l'imitation de ces honteuses républiques?

Jean-Jacques Rousseau, pour des raisons toutes différentes, est arrivé à la même conclusion :

« Chez les Grecs tout ce que le peuple avait à faire, il le faisait par lui-même; il était sans cesse assemblé sur la place, il habitait un climat doux, il n'était point avide, des esclaves faisaient tous ses travaux ; sa grande affaire était sa liberté.

« Vos durs climats vous donnent des besoins; six mois de l'année la place publique n'est pas tenable ; vos langues sourdes ne peuvent se faire entendre en plein air, et vous craignez bien moins l'esclavage que la misère.

« Vous voyez bien que vous n'êtes point libres. Quoi ! la Liberté ne se maintiendrait qu'à l'aide de la servitude ? — *Peut-être.* »

Rome et sa rivale Carthage n'étaient pas des républiques démocratiques. Celle-ci était gouvernée par une aristocratie de marchands, celle-là par une aristocratie de guerriers et de riches cultivateurs. Toutes les vertus inconnues à la Grèce étaient pratiquées aux beaux temps de la vieille Rome. On respectait les dieux, les lois, le travail, la famille et la position sociale acquise ou héréditaire. Un patriotisme aveugle, parfois féroce, dominait tout autre sentiment : « L'amour de la patrie, dit Bossuet, était le fond d'un Romain. » De là sortit la grandeur de Rome.

« La cause de la grandeur de Rome, dit de Bonald, fut dans la partie monarchique de sa constitution, et le principe de sa décadence dans la partie démocratique. »

Longtemps les patriciens se réservèrent tous les honneurs et tous les pouvoirs : il fallait pour être sénateur justifier d'une fortune de 800,000 sesterces (160,000 francs) et avoir exercé une fonction administrative. Et quand, après de longues dissensions, le peuple fut admis à une sorte d'égalité civile et politique, il était devenu à son tour, par suite des conquêtes, caste privilégiée. La hiérarchie sociale n'en fut pas ébranlée : les chefs de famille durent continuer à commander et à protéger, non-seulement les collatéraux et les mineurs, mais une foule de citoyens pauvres, leurs clients et leurs esclaves.

Cette forte organisation et ce fanatisme patriotique ne purent empêcher cependant que la glorieuse et puissante Rome ne fût bien des fois menacée d'une ruine totale par les Carthaginois, les Gaulois et les querelles intestines : la république modèle eut ses jours bien sombres.

Enfin les lettres, les sciences, les arts et l'industrie ne pénétrèrent à Rome qu'à l'époque de son déclin et furent importés avec les idées grecques.

Rome, comme Carthage, comme Athènes, Sparte et toutes les cités grecques, était la république d'une ville. En dehors de Rome même, il n'y avait que des alliés payant tribut, des colonies très-dispersées, des esclaves, des barbares. Rome gouvernait à elle seule et ne prenait aucun conseil des provinces conquises, qui formaient cependant toute la république. C'était, si modéré qu'il pût être, le despotisme de quelques-uns sur un empire immense.

Qui voudrait maintenant de cette domination sans contrôle des citoyens d'une seule ville, patriciens ou plébéiens ? Et cette religion austère, et ce respect des lois, et ces mœurs patriarcales, et ce culte brutal de la patrie, sont-ils aussi compris dans l'idée que nous nous faisons de la République ? Espérons-nous faire de nos gardes nationales des légions romaines ? Et cette base essentielle de toutes les institutions antiques, ces troupeaux d'esclaves courbés sur la glèbe, pour donner au peuple-roi son pain et ses jeux, faudra-t-il pour les repousser sous le joug renier tous les progrès accomplis depuis des siècles par le christianisme et par nos rois ?

Cette illusion de vouloir enserrer une société moderne dans le cadre vermoulu d'une nation antique est une chimère qui ne saurait trouver crédit qu'auprès de l'ignorance ou de la mauvaise foi. Les exemples de la Grèce et de Rome, bons ou mauvais, ne prouvent rien pour nous. Les désirs et les besoins des peuples ne sont plus les mêmes, leurs conditions d'existence sont radicalement changées. Les républiques grecques sont une fable inventée après coup, la république romaine est une barbare et glorieuse légende, mal finie, — mais nous vivons et il nous faut des réalités.

Les républiques du moyen-âge ont eu trop peu d'éclat pour que les partisans de la République les connaissent ou se vantent de les connaître. Tandis que tous les peuples européens, fondant en une seule des nationalités diverses, s'unifiaient et s'agrandissaient par un progrès lent et sûr, sous l'influence de la forme monarchique, l'Italie dut à son goût pour la République de se désagréger en menus Etats, impuissants et ridicules, jaloux les uns des autres, dévorés par les factions et les guerres intestines, et sans cesse envahis par l'étranger, qui en avait fait, comme d'un terrain vague, son champ de bataille. Chaque ville tour à tour, grande ou petite, s'organisa en république : Venise, la plus aristocratique des républiques et qui seule eut son moment d'éclat, Gênes, Milan, Pise, Florence, Vérone, Trévise, Vicence, Padoue, etc. Leur histoire politique n'est qu'un cri de douleur et de haine ; leurs constitutions ne sont que le caprice et la vengeance des triomphateurs d'un jour. Mais ces émeutes, ces tyrannies, ces trahisons, ces assassinats, cette terreur de l'étranger tout-puissant, ont fécondé en Italie des germes de paresse, de brigandage et de démoralisation, qui font du peuple italien un peuple à part au milieu des nations civilisées : race abâtardie, insoumise et rampante, vénale et traîtresse, vouée à la mendicité ou à la servitude.

Le roi Louis XI rendit à César ce qui appartenait à César, quand il dit de l'une de ces républiques perdues :
— « Les Génois se donnent à moi, et moi je les donne au diable. »

Au XIVᵉ siècle se forma une république modestement prospère, stable, libre, qui existe encore de nos jours et qu'on cite souvent comme modèle : la Suisse. Si la Suisse, petite, peu peuplée, sans industrie, sans arts, sans armée, sans influence, peut être proposée en modèle à la France, à quel rang placera-t-on celle-ci parmi les Etats européens ? Pourquoi pas aussi les républiques d'Andorre et de Saint-Marin ? Il faut avouer que ces humbles représentants du régime républicain en Europe ne sont pas de taille à démontrer que la République peut former un grand peuple. Mais la Suisse n'est pas une république, c'est un paysage, un admirable panorama de lacs et de montagnes : là est tout son intérêt.

Quel rapport y a-t-il entre la Suisse et la France ? Sommes-nous, comme elle, protégés contre tout envahisseur par nos montagnes, notre faiblesse et notre pauvreté ? Faudra-t-il, pour mieux l'imiter, borner notre industrie à sculpter du bois blanc au couteau, cuire du fromage, limer des mouvements de montre, et fournir les touristes de guides et d'hôtelleries ?

Si les rapports sont difficiles à saisir, les différences sautent aux yeux. La république en Suisse est si peu révolutionnaire, que les mœurs, les coutumes, les institutions sont encore presque du moyen-âge. Les Suisses ont gardé leurs vieilles traditions, leurs vieilles fêtes, leur indépendance cantonale, la vie de famille et la simplicité des mœurs, l'amour du clocher et tout ce qui le rappelle, dialecte, costume, bannière, chansons ; ils ont conservé jusqu'aux exigences surannées de la police municipale. Les haines religieuses du moyen-âge se perpétuent vivaces et intolérantes : elles éclatent en guerres sanglantes et en stupides persécutions.

L'admiration de nos républicains pour la république helvétique est peu payée de retour : leurs théories et leurs fantaisies n'ont pas cours en Suisse, si ce n'est parmi les membres de l'*Internationale*. Nos réfugiés politiques n'y obtiennent qu'une hospitalité misérable : Genève, la ville libre-penseuse, leur ouvre ses cabarets ; ils seraient chassés de Berne ou de Zurich.

Car il existe en Suisse un usage dont nos démagogues ne demanderont jamais l'adoption en France, parce qu'il écrèmerait le personnel des émeutes : tout individu sans moyens d'existence connus est renvoyé dans son pays d'origine.

Mais de toutes les républiques anciennes ou modernes, celle dont l'imitation nous tente le plus est l'Union américaine. On la prône dans nos assemblées, les livres et les journaux en font le paradis de la fortune et de la liberté, et le pays, malgré ses répugnances bien légitimes, en arrive à se demander : Pourquoi pas la République comme en Amérique ?

Pourquoi ? Parce que ce serait se tromper grandement que de croire satisfaire nos républicains avec une telle concession et les transformer d'agitateurs à perpétuité en conservateurs sincères : ils la réclament, mais, comme on va le voir, ils seraient les derniers à en vouloir.

Certes, les États-Unis sont un pays immense, pays qui s'agrandira probablement encore, jusqu'au jour peut-être peu éloigné où il se démembrera ; il est riche, rempli de villes déjà très-peuplées, qui s'accroissent encore et se multiplient ; il est possédé de la fièvre commerciale et industrielle ; il marche à la tête du progrès ; il jouit de toutes les libertés ; il est puissant sur terre et sur mer ; il aime les arts et cultive avec succès les lettres et les sciences : il peut être sans humiliation proposé comme modèle.

Cet éloge pompeux est insuffisant pour caractériser les États-Unis : il convient aussi bien et même mieux, sous certains rapports, aux monarchies d'Angleterre et de France ; nous avons eu tout cela, nous pouvons espérer l'avoir encore.

Aussi, attribuer la prospérité de l'Union à l'étiquette républicaine est ignorance ou plaisanterie. Les États-Unis ne tiennent un si haut rang parmi les nations, que parce qu'ils n'ont presque rien de ce que nous connaissons de la République et de ce que nous pouvons en attendre. Le sens même des mots *conservateur*, *démocrate*, *radical*, est tout différent des deux côtés de l'Atlantique, et les idées diffèrent encore plus que le sens strict des mots. L'Union n'est la réalisation d'aucune des républiques essayées ou rêvées en France.

« La religion, a dit M. de Tocqueville, est beaucoup plus nécessaire dans la république que dans la monarchie, et dans les républiques démocratiques que dans toutes les autres. Comment la société pourrait-elle manquer de périr si, tandis que le lien politique se relâche, le lien moral ne se resserrait pas? et que faire d'un peuple maître de lui-même, s'il n'est pas soumis à Dieu ? »

Les Américains sont des croyants ; ils ont une origine religieuse et le sentiment religieux est resté un des traits les plus saillants de leur caractère. Boston fut fondé par des puritains ; Philadelphie, par des quakers ; Baltimore par des catholiques, tous gens de convictions ardentes, puisqu'ils n'émigraient que pour fuir la persécution religieuse. Ces premiers pionniers ont été suivis de bien d'autres, et les fils ont conservé vivace la foi de leurs pères. L'Amérique est pleine d'églises, de séminaires, d'établissements religieux, fondés et entretenus par les fidèles : on ne compte pas moins de 300 églises à New-York. Le catholicisme prospère si bien au milieu des sectes protestantes qu'on peut prévoir son complet triomphe. Il est pratiqué par un dixième de la population, et les recrues qu'il fait chaque jour parmi les protestants deviennent ses plus zélés défenseurs. Il a ses grands journaux à New-York, à Philadelphie ; il a son culte public, ses sœurs de charité, et — il faut bien l'avouer, dût cette révélation dégoûter à jamais nos républicains de toute contre-façon des Etats-Unis — ses collèges de jésuites fréquentés par la jeunesse protestante elle-même.

Il y a mieux. Quelle stupeur, quels cris de rage au camp républicain, si une Chambre française votait une loi que vient d'édicter récemment le Congrès !

« Il est défendu, le dimanche, d'ouvrir les magasins et les boutiques, de s'occuper à un travail quelconque, d'assister à aucun concert, bal ou théâtre, sous peine d'une amende de 10 à 20 shillings (12 fr. 50 et 25 fr.) pour chaque contravention.

« Aucun hôtel ou cabaret ne pourra s'ouvrir le dimanche aux personnes qui habitent la commune, sous peine d'une amende ou de la fermeture de l'établissement.

« Ceux qui sans cause de maladie ou sans motifs suffisants se tiendront éloignés de l'église pendant trois mois, seront condamnés à une amende de 10 shillings (12 fr.50). »

Et l'Américain ne se contente pas du culte public ; il parle, agit, donne généreusement ses dollars ; il pratique la religion dans son intérieur, dit la *prière de table*, et lit à sa famille les Ecritures.

Républicain et dévot ne sont pas synonymes en français, quoique nos républicains ne soient pas tous persécuteurs ni même athées : ils l'ont bien montré jadis en empruntant aux sauvages le culte de l'Etre suprême et en organisant des fêtes de carnaval en l'honneur de la déesse Raison. Mais ces rares élans religieux ne font pas que la religion soit leur spécialité.

Eh bien ! il y a plus étonnant encore : aux Etats-Unis les plus fougueux démocrates sont les catholiques. Les noms d'évêques démocrates ne manqueraient pas, s'il en fallait citer. Vous voyez bien que c'est un autre monde.

Et si vous craignez d'être forcés d'aller à la messe, — objection bien gratuitement faite à toute restauration monarchique en France, — prenez un gouvernement quelconque, les rois les plus pieux ne vous y forceront pas, mais ne faites pas la République comme aux Etats-Unis.

La question religieuse ne peut être entièrement séparée de la question politique. La preuve, les radicaux nous la fournissent eux-mêmes par la rage avec laquelle ils s'attaquent à la religion en toute occasion. Inconnue d'eux, et ne cherchant pas à s'imposer à eux par la force, il semblerait qu'elle dût les laisser aussi indifférents que la numismatique ou l'astronomie. Mais ils sentent que la religion est la première base de la société, et c'est en haine de la société qu'ils voudraient la détruire.

Elle ne saurait, en effet, être remplacée par la législation la plus sage, la plus minutieuse et la plus sévère. La loi n'atteint ni les pensées, ni les désirs ; les actes eux-mêmes peuvent rester cachés ou impunis ; et quand le coupable succombe dans la lutte de ruse ou de force qu'il soutient contre elle, sans regrets de sa faute, il ne maudit que sa maladresse, sa mauvaise chance et les gendarmes. Si le sentiment religieux n'éteint pas les passions et ne préserve pas des faiblesses humaines, il condamne les actes dans leurs germes mêmes, pensées ou désirs ; il parle avec autorité et clarté dans ce débat intérieur qui précède toute faute ; il la fait regretter si elle est commise. Il se préoccupe de détails intimes de morale où la loi ne peut pénétrer ; il ne défend pas seulement certains excès dans les vices, il défend tous les vices et commande toutes les vertus ; il ne se contente pas, comme la loi, de protéger tels ou tels intérêts dans certains cas particuliers, il interdit tout tort, spécifié ou non spécifié, fait à un semblable, en action, en parole, en omission et même en pensée ; il exige la soumission aux supérieurs, la résignation dans les maux de cette vie, la charité pour tous ; enfin, il crée entre les hommes un lien bien autrement puissant que le joug commun de la loi, en leur donnant la même destinée, le même père et le même juge.

L'idée d'une loi athée, d'un gouvernement athée, d'un enseignement athée, est une de ces niaiseries qui ne peuvent prospérer qu'en France : nulle nation ne pourrait vivre hors de l'influence sociale de la religion.

« Partout où il y a une société établie, une religion est nécessaire ; les lois veillent sur les crimes connus, et la religion sur les crimes secrets. » (Voltaire.)

Cette différence entre les républicains de l'Union et ceux de France paraîtra capitale à tous ceux qui voudront bien y réfléchir un instant, quelles que soient d'ailleurs leurs opinions religieuses.

La dissemblance est aussi grande au point de vue politique. Le républicain de l'Union est conservateur, non d'une république et d'institutions à créer, mais d'institutions existant avant la république. On retrouve dans les différentes provinces les types, les mœurs et le gouvernement de leurs premiers colons, ici le gentilhomme de la cour d'Elisabeth, là le quaker de Georges Fox, ailleurs le puritain de Cromwell. Et les derniers nés de l'Union ont aussi leur originalité propre : le Californien a bien la prétention de n'être pas confondu avec le yankee de l'Est.

La république des Etats-Unis a été fondée par les fils d'émigrés religieux, devenus commerçants et cultivateurs, sans aucune idée de révolution sociale, sans aucune de ces farces, aucune de ces orgies, aucun de ces massacres, qui semblent inhérents à l'inauguration et au fonctionnement régulier de la république en France. Elle a été faite avec calme et sérieux, au grand jour, par d'honnêtes gens, regrettant sincèrement le passé dont ils se détachaient, et redoutant l'avenir.

L'insurrection, née d'une question d'impôts, s'en prit au parlement anglais, tout en protestant de sa fidélité au roi. Bien qu'il y eût alors des esprits travaillés par les balivernes philosophiques du siècle dernier, il n'était pas question de république, mais d'indépendance vis-à-vis de l'Angleterre. Le système représentatif fonctionnait depuis longtemps dans ces colonies ; il fut maintenu sans autre changement que la scission avec la métropole. Chaque Etat garda son indépendance, ses institutions, ses priviléges, et ne reconnut d'autre lien avec l'Union que son propre intérêt, et s'étant déclaré souverain, se réserva individuellement les droits de paix, de guerre et d'alliance.

La grande figure de Washington reflète bien le caractère de cette révolution. Gentilhomme de vieille race, colon de la province la plus aristocratique et la plus respectueuse envers la mère patrie, il fut modeste jusqu'à hésiter à accepter le pouvoir, et désintéressé jusqu'à s'en démettre volontairement. Religieux et sans tache dans sa vie privée, froid, taciturne et ne parlant que de devoir, n'obtenant pendant longtemps que des succès contestés, inutiles et mêlés de revers, il n'avait aucune de ces séductions de charlatan qui fanatisent la foule, et son prestige vint moins de ses talents que du respect de son honnêteté.

La révolution qui a tout conservé en Amérique a tout détruit en France, mais elle n'a rien détruit aussi complétement que l'organisation politique. En un jour de folie, l'œuvre lentement et sagement élaborée par les siècles a été jetée bas ; rien n'en est resté, rien ou presque rien n'en peut être rétabli.

Chaque commune avait sa vie propre, elle élisait ses maires et ses magistrats, votait ses impôts et levait sa milice. Les provinces avaient leurs lois et coutumes, leurs assemblées, leurs parlements ou leurs conseils souverains. Ce régime d'autonomie locale a été critiqué avec autant de passion que de légèreté et sa suppression a été considérée comme un progrès : il avait les inconvénients inséparables d'une grande liberté. Bon ou mauvais, il a été remplacé par un régime de centralisation absolue, incompatible avec la liberté et donnant incontestablement les plus fâcheux résultats.

Le système fédératif qui est l'essence même de l'Union, possible autrefois en France, a été rendu impossible par la république, qui s'est au contraire déclarée *une et indivisible*. Les provinces, indépendantes les unes des autres aux Etats-Unis et se gouvernant elles-mêmes, ont été en France déchiquetées en départements, êtres de fiction administrative, sans cohésion, sans caractère propre, trop petits pour avoir la moindre influence, entièrement dépendants du pouvoir central et par là même à la merci de la populace de quelques grandes villes. Depuis la révolution tous les gouvernements ont été faits et défaits par la commune de Paris : là seulement se tentent utilement les émeutes et les coups d'État. La France entière n'a plus qu'à courber la tête devant les faits accomplis et à ratifier les extravagances de ce singulier despotisme. Encore se passe-t-on parfois de la ratification, comme au 4 septembre.

Ainsi, comme il ne peut être question, portant une

main sacrilége sur les ruines révolutionnaires, de rétablir nos vieilles provinces, ni d'émanciper nos communes déshabituées de l'indépendance, la constitution républicaine de la Suisse et des Etats-Unis ne peut, en aucun cas, à aucune époque, quels que soient les hommes au pouvoir, leurs promesses ou leur bonne volonté, être adoptée en France.

Dans l'ordre social les différences ne sont pas moins profondes que dans l'ordre politique. Elles ne proviennent en aucune façon de la forme du gouvernement, mais de l'ensemble de causes multiples : des institutions, des mœurs, du tempérament et de la race.

Le yankee a ses défauts bien connus et tout républicains. Il est rogue, et sa politesse, quand il en a, touche à l'insolence ; il se croit une célébrité ; il s'enfle de sa fortune et vendrait ce qu'il a et ce qu'il n'a pas pour l'accroître ; il pose en public, boit, pérore et fanfaronne en vrai républicain. Mais il a en même temps des qualités presque inconnues chez nos républicains. Il respecte les lois, la famille et la religion ; il a le sentiment de sa propre dignité et de la liberté des autres ; il emploie au travail toute son intelligence, toute son activité, et méprise le paresseux ; il se marie de bonne heure et ne s'effraie pas du nombre de ses enfants ; il fait partie d'une société de tempérance ; ces dollars si avidement gagnés, il les donne généreusement pour toute œuvre d'utilité publique et de bienfaisance.

L'immense développement du commerce et de l'industrie tient à ce qu'il y a peu d'administration, peu d'armée (30,000 hommes) et par conséquent peu d'impôts ; à ce que chacun a toute liberté d'agir et ne compte que sur soi. En France, le commerce, l'industrie, l'agriculture même sont en tutelle ; ils dépendent d'un ministère. Pour toute grande entreprise, il faut l'autorisation du gouvernement, une subvention du gouvernement, une garantie, un privilége du gouvernement. L'indépendance nous fait peur.

Il est impossible de s'appesantir ici sur chaque détail, mais l'accroissement des villes américaines tient du prodige. Chicago, qui ne comptait que 10 ¹ habitants en 1830, en compte aujourd'hui 300,000 ; San-Francisco, en vingt-cinq ans, est arrivé au chiffre de 170,000; on en pourrait citer bien d'autres, Omaha, Cincinnati, etc. Cela tient à la facilité de vivre pour quiconque veut travailler, à l'immigration, aux mariages jeunes et sans dot, à la liberté testamentaire, à l'absence de conscription, au nombre restreint des naissances illégitimes, etc.

Chez nous, pour les causes contraires, le chiffre des décès excède annuellement de cent mille celui des naissances, et les statisticiens affirment que dans deux cents ans il n'y aura plus un Français en France. Décadence effrayante, châtiment plus terrible pour un peuple que ces fléaux de Dieu, la famine, la peste et la guerre ! Et cet anéantissement lent et sûr, à la seule idée duquel devrait saigner tout cœur français, ne peut qu'être accéléré par les progrès de notre monomanie révolutionnaire et anti-religieuse. Nous subirons la peine de nos mauvaises lois, de nos mœurs pires et de nos fatales doctrines. Le Prussien a raison ; avec un peu de patience ses canons deviendront inutiles : la race latine se meurt de démoralisation.

Ainsi les Etats-Unis diffèrent essentiellement de toute république qu'on pourrait essayer en France, au point de vue religieux, politique et social. L'exemple si complaisamment cité, bon ou mauvais, ne prouve rien et ne peut être imité.

Mais à côté des républiques plus ou moins connues par l'histoire, il existe encore des républiques connues par la géographie. Sur cette même terre d'Amérique où prospèrent les Etats-Unis, végètent les républiques du Mexique, de Guatemala, de Honduras, de Nicaragua, de San-Salvador, de la Nouvelle-Grenade, du Pérou, du Chili, de l'Uruguay, du Paraguay, les républiques haïtienne et dominicaine, etc. C'est l'Amérique latine avec ses misères, ses révolutions, sa dépopulation, en face de l'Amérique anglo-saxonne.

Si ces malheureux pays pouvaient être donnés en modèle, leur imitation serait plus naturelle et plus facile. Ils se rapprochent beaucoup plus de nous par la race, par l'état de la religion et des mœurs, et par la façon dont l'idée républicaine y est comprise et appliquée. Leurs constitutions sont aussi changeantes que les nôtres ; ils vivent dans un état de révolution perpétuelle ; ce ne sont que 93, 48, 4 septembre et 18 mars. De temps à autre on apprend, sans aucun étonnement, que le président de l'une de ces républiques inconnues vient d'être assassiné, que l'insurrection est maîtresse, que les troupes assiégent et pillent les principales villes, que telle province s'est déclarée république indépendante ou s'est donnée à un pays voisin : ce ne sont là que de petits faits divers quotidiens et sans importance.

Et n'avons-nous pas tout près de nous l'enseignement que nous cherchons au loin ? N'avons-nous pas eu une république sœur, la république espagnole ? Les traits de famille ne manquaient pas : guerres civiles, communes, dictatures, ruine générale. C'était bien une sœur de toutes nos républiques. Elle leur a ressemblé

par son origine, l'émeute ; par ses gouvernements,
plus méprisés, plus éphémères les uns que les autres ;
par sa fin, quand à bout d'essais loyaux, elle s'est effondrée dans l'impuissance et le ridicule. L'Espagne a
cependant lutté contre cette maladie mortelle qu'on
appelle la révolution et dont les plus violents accès
s'appellent république, elle a cherché une conciliation
du vrai et du faux, de la maladie et de la santé, en se
donnant des monarchies révolutionnaires, et n'a rien
retrouvé de ce qu'elle avait perdu. Mais don Carlos est
là, et il a donné sa parole de Bourbon qu'il tuerait la
Révolution.

Dieu aie pitié de la France et la garde de retomber
jamais assez bas pour faire nombre parmi les républiques latines !

LA VRAIE RÉPUBLIQUE ET LES VRAIS RÉPUBLICAINS.

« La République est le gouvernement qui nous
divise le moins, » a dit M. Thiers, sans doute par anti-
phrase, car il n'en est pas qui puisse nous diviser davantage et dont les partisans eux-mêmes soient plus
divisés.

Toute forme de gouvernement a ses tendances carac-
téristiques connues, son programme politique défini.
Il n'en est point ainsi de la République en France : elle
se plie à tous les goûts, à toutes les capacités, à toutes
les ambitions, elle s'accommode des régimes les plus
divers et les plus opposés, et parmi toutes ces républiques invraisemblables, il est difficile de discerner au
premier abord quelle peut être la vraie.

Les républicains n'ont point d'idéal, ni de modèle de

République commun ; ils ont, sans jamais réussir, essayé de la République sous toutes ses formes possibles et l'ont rêvée sous toutes ses formes impossibles. Aussi chacun se crée une République à lui, marotte ou fétiche, et conspue les républiques des autres. La République, c'est la Tour de Babel !

Cela seul suffirait pour la condamner : la vérité est forcément une, l'erreur fatalement multiple, puisqu'elle naît des travers d'esprit de chaque individu et se modèle sur eux.

De toutes les variétés bénignes ou dangereuses du mal républicain, il suffira d'indiquer les principales : celle qui offrira des symptômes vraiment distinctifs sera sans doute la vraie République.

Il y a d'abord la République qui n'est pas un gouvernement, mais l'absence d'un gouvernement. Ainsi s'établit la république du 4 septembre. L'empire tombé, le corps législatif dispersé par l'émeute, nous étions sans gouvernement, c'est-à-dire en République. C'était un fait, personne ne le contesta. Ce fait n'entraînait pas comme conséquence la nécessité d'institutions républicaines, mais la nécessité de remplacer par un autre le gouvernement détruit.

Cette République, qui n'en est pas une, n'en vaut pas beaucoup plus pour cela. Comme les autres elle ne peut jamais, si longtemps qu'elle se traîne, se faire considérer comme définitive, et la carrière étant ouverte à tous les partis, les haines s'échauffent, les appétits s'aiguisent, dans la lutte pour le pouvoir : la discorde croissante est une menace permanente d'anarchie.

Mais les républicains ont bien la prétention que leur République soit une forme de gouvernement précisée, affermie par une constitution.

Nous ne pouvons ici examiner toutes ces théories gouvernementales que dans leur ensemble. Si diverses qu'elles soient, elles semblent pouvoir être divisées en deux groupes distincts : les Républiques modérées et les Républiques violentes.

Les partisans des Républiques modérées se disent républicains honnêtes; les autres, n'ayant pas de raison pour tenir à cette qualification, prennent celle de radicaux. En d'autres termes et pour me servir d'une heureuse expression de M. Thiers, aussi peu flatteuse pour les modérés que pour les radicaux : « La République tourne au sang ou à l'imbécillité. »

D'après les républicains honnêtes, rien ne serait changé. Le chef du pouvoir exécutif s'appellerait président au lieu d'être nommé roi ou empereur ; mais comme eux il serait irresponsable, il jouirait de la même autorité, des mêmes prérogatives et jouerait absolument le même rôle. Les ministres seraient responsables, comme dans toutes les monarchies contemporaines. Deux Chambres, dont l'une au moins nommée par le suffrage universel, voteraient les lois. On respecterait la religion, la famille et la société ; on ne toucherait pas aux lois sur les personnes et sur la presse ; on conserverait telles quelles l'administration, la magistrature et l'armée.

Mais alors, dira-t-on, si rien d'essentiel n'est changé, pourquoi la République plutôt que la Monarchie ? C'est le grand secret des républicains honnêtes ; ils ne le divulguent pas. Tout ce qu'on peut deviner, c'est qu'ils seraient eux-mêmes au pouvoir, que la République nous rendrait très-heureux et que le plus clair de notre bonheur serait d'être en République et gouvernés par eux.

Ils se trompent, tout serait changé. Le nom même du

gouvernement serait suspect à la partie la plus sage du pays, suspect à l'Europe, et le ferait en outre considérer par tous comme provisoire. L'incertitude du lendemain, c'est l'arrêt immédiat du commerce et de l'industrie Le président, élu pour quelques années, n'obtiendrait ni en France, ni à l'étranger, la considération et l'autorité d'un souverain héréditaire. Des deux chambres l'une dominerait l'autre, et ce serait la plus violente. Le ministère, sans cesse renouvelé, serait bien plus occupé de sa défense que de nos affaires. Le principe d'autorité étant diminué, il faudrait y suppléer par la restriction de la liberté, une plus grande contrainte, des lois d'exception, la prolongation indéfinie de l'état de siége, l'agrandissement des cadres de la gendarmerie. La République honnête ne peut subsister momentanément que par la multiplication des gendarmes.

Ils se trompent, tout serait bouleversé. Car derrière eux, emboîtant le pas, tambour battant et bannières déployées, arrivent par légions formidables les radicaux. Fermez-leur la porte, ils entreront par la fenêtre; ils sont chez eux en République. Ils sont les ouvriers, les soldats, les exécuteurs et les martyrs de la République. Ils sont le nombre brutal, ils sont l'activité, ils sont l'audace, ils sont la force. Le jour où ils n'auront plus besoin d'eux, ils balaieront avec le reste tous ces modérés et tous ces rêveurs.

Ils le disent assez haut, quoiqu'on ne veuille pas les entendre : ils ont la franchise, l'orgueil de leur scélératesse. Qu'est-ce que cette République dont le nom de *modérée* avoue tacitement qu'elle est par son essence un poison mortel à peine tolérable à petite dose ? A-t-elle honte d'elle-même pour s'excuser ainsi de ce qu'elle est ? Monarchie sans monarque, République sans républicains, tour à tour aristocratique ou démocratique suivant les circonstances, souriant aux honnêtes gens et compatissant à la canaille, comment ce fantôme de République pourrait-il tenir tête à sa terrible sœur, quand celle-ci déchaînée se ruera, flairant le carnage, empestant le troix-six et le pétrole, pour exiger l'accomplissement des vieilles promesses : le partage, l'orgie et la revanche ?

Il ne faut pas dire : les radicaux sont désarmés. Ils arriveront au pouvoir légalement par le suffrage universel qui remplit la Chambre de leurs obscurs complices ; ils y arriveront aussi par les armes, car on les leur rendra en réorganisant la garde nationale. Pour cela, une révolution n'est pas nécessaire : un vote de la Chambre peut du jour au lendemain remplir le ministère de leurs amis plus ou moins modérés ; beaucoup ont promis d'avance de rétablir la garde nationale, tous sont capables de le faire.

Or le programme des radicaux est connu, c'est celui de l'Internationale et de la Commune : la Commune de Paris, premier pouvoir de l'Etat ; la fédération volontaire ou forcée des autres communes de France ; la population en armes et payée pour jouer au bouchon sur la place publique ; l'abolition de l'armée et de la magistrature ; l'abolition du capital ; l'abolition de tout culte public ; le mariage libre ; le massacre des riches et des prêtres ; le pillage et les réquisitions à volonté ; les folles et sanglantes dictatures des clubs, etc., etc.

Ces hommes sans foi ni loi, qui se font un gagne-pain de la révolution et n'ont d'autre but que l'anéantissement de la société, sont cependant la moelle du parti républicain. Les modérés — quelques braves gens leurrés par une chimère et quelques ambitieux —

n'ont jamais pu se passer du concours de l'immense cohue des radicaux. Dure sujétion où l'honneur se trouve bien compromis! A la Chambre comme dans le pays, ils ont toujours dû solliciter humblement leurs suffrages, les cajoler, les aduler, leur faire des promesses, des concessions et hurler avec eux. Sans la radicaille les modérés n'existeraient pas, et ils n'existeront p'us du jour où elle sera maîtresse. Elle le sait bien, elle paie leur servilité de tout son mépris et les appelle *chevaux de renfort*. On ne saurait citer un seul républicain modéré qui soit arrivé à une haute position politique sans l'appui, ou des monarchistes qui ont fait à un homme d'honnêteté et de talent, malgré ses opinions républicaines, le sacrifice de leurs propres opinions, ou des radicaux qui ont espéré, malgré son modérantisme, l'utiliser comme cheval de renfort.

La vraie République, la seule qui diffère essentiellement de la Monarchie, la seule qui ne demande de concours qu'à ses adhérents, la seule qui ait son caractère, son but, ses ressources et ses moyens propres, la seule qui soit un principe et non un expédient, la seule enfin qui puisse satisfaire l'immense majorité des républicains, est donc la République radicale, démagogique et internationaliste, la Commune. L'autre est bonne à faire la parade, battre la grosse caisse, amuser les badauds et attirer les chalands ; mais l'aînée, la vieille République, la Marianne légendaire, est le phénomène, le monstre, ignoble et séduisant, que la foule impatiente pressent derrière la toile de la baraque; qu'il se montre, qu'il s'étale au grand jour avec sa laideur, ses formes colossales et ses haillons sanglants, la foule fascinée, frémissante, l'entoure, l'applaudit, l'acclame de ses vivats.... le pâle paillasse balbutie et se sauve, n'empochant de la recette qu'un coup de pied quelque part.

Il faut aussi malheureusement reconnaître que cette ligne de démarcation profonde entre les républicains modérés et les radicaux existe moins en réalité qu'en théorie. Ils ont l'air de tendre de concert au même but, ils se traitent en compères ; s'ils se brouillent, c'est pour la forme et cela ne dure pas.

M. Gambetta peut annoncer l'*avénement des nouvelles couches sociales*, sans effrayer les républicains honnêtes, — M. Thiers, déclarer que *la république sera conservatrice ou ne sera pas*, sans décourager les espérances des radicaux. Et de fait ils travaillent à la même œuvre et obtiennent les mêmes résultats. Cette alliance de gens, qui se croient honnêtes, avec des fous criminels, a de quoi surprendre qui n'est pas initié, mais elle existe, et il est bon de la constater. Elle s'explique en partie, sans se justifier, par la multiplicité et les nuances infinies des opinions républicaines : du plus incolore des modérés on arrive facilement et par des dégradations insensibles au plus hydrophobe des communards. M. Gambetta n'a-t-il pas été considéré comme l'héritier présomptif de M. Thiers ? Et faudrait-il s'étonner ensuite qu'un déporté de Nouméa recueillît la succession de M. Gambetta ? Tous se tiennent; ils se sont compromis ensemble, ils ont besoin les uns des autres, et la nécessité a créé entre eux un lien indissoluble. En vain, pour les besoins de la cause, pour rassurer les timides ou entraîner les ardents, cherchent-ils parfois à établir une séparation : elle n'existe pas. On voit bien aux deux extrémités de cette chaîne, d'un côté des clients habituels des cours d'assises, et de l'autre de bons pères de famille, rangés dans leurs affaires, rebelles seulement au service de la garde nationale, mais il est impossible de déterminer où commence et où finit l'honnêteté.

Si l'on prétendait qu'elle ne commence pas, on serait peut-être taxé d'exagération. Nous allons en juger.

Nos républicains français ont obtenu cet éloge des plus modestes : « Tous les républicains ne sont pas des voleurs, mais tous les voleurs sont républicains. » Eh bien ! ils sont encore flattés. D'abord les assassins et les incendiaires ont tout autant de droits que les voleurs à être considérés comme républicains éprouvés. Ensuite ceux qui ne sont ni voleurs, ni incendiaires, ni assassins, sont avocats, conseillers, recéleurs, amis et patrons de tous ces gens-là.

Quelques exemples, pris parmi des faits récents, dissiperont toute apparence de diffamation sans preuve ou d'exagération.

Les hommes du 4 septembre ont été tout ce que nous venons de dire pour les brigands de la Commune. Et ce n'était que justice : ils tenaient d'eux l'investiture. Eudes et Mégy, en prison pour assassinat, sont relâchés; Flourens et Delescluze, en prison à la suite d'une insurrection, relâchés et récompensés : Delescluze devient maire, Flourens est nommé *major de rempart;* Félix Pyat, qui écrit à M. Arago : « Quel malheur que je sois ton prisonnier, tu aurais été mon avocat, » relâché. Rochefort fait partie des deux gouvernements, et M. Ernest Picard admire publiquement sa *Lanterne.* M. Jules Simon, membre 606 de *l'Internationale,* reçoit après le déboulonnage de la colonne Vendôme un petit cadeau fort compromettant du citoyen Courbet. M. Jules Favre étonne M. de Bismarck lui-même en lui

déclarant qu'à *Paris il n'y a pas de populace*,
et il obtient, à force d'instances, que les communeux conservent leurs armes. Le même Jules Favre
avait, avant la guerre, promis aux électeurs de la
Villette qu'il abolirait le soldat, le juge et le prêtre.
Au club de la rue de Lyon, à la même époque,
M. Jules Ferry faisait les mêmes promesses. M. Challemel-Lacour donnant l'ordre de fusiller tout un
bataillon de mobiles qui ne voulait pas du drapeau
rouge, emprisonnant les généraux et pillant les écoles
des Frères, n'est-il pas un précurseur de Raoul
Rigault?

Les sympathies communardes de M. Gambetta ne
peuvent être mises en doute; il affiche ses bonnes
relations avec les plus avancés des radicaux. Sa fuite à
St-Sébastien aurait pu être interprétée comme un re-
mords, ou comme un blâme de la Commune; mais,
sommé plusieurs fois et solennellement de s'expliquer
devant la Chambre, il n'a jamais voulu renier ses
frères et amis. Son journal, *la République française*,
appelle, par un charmant euphémisme, la Commune
un moment de faiblesse et d'erreur. Il ne manque pas
un banquet démocratique, ni un enterrement civil; il
y réclame l'amnistie, il y promet la garde nationale, il
y prêche tour à tour la guerre civile et la concorde.
Car modérés et radicaux font échange fraternel de
leurs principes; radicaux posant pour la modération,
et modérés dégoisant radicalisme, c'est ,comédie quo-
tidienne au camp républicain. M. Gambetta conseille
donc aussi parfois la sagesse... faute de mieux. La
sagesse des radicaux n'est qu'une façon de demander
qu'on leur enlève la muselière.

Auprès du pontife même de la république conservatrice la tenue n'est pas plus sévère. M. de Rémusat, n'ayant pu se faire élire député par les conservateurs de Paris, s'est contenté de représenter les radicaux de Toulouse. M. Barthélemy Saint-Hilaire, le doucereux homme d'étude, s'est permis une apologie de l'assassin Louvel. Enfin M. Thiers, le grand vainqueur de la Commune, s'en est toujours montré l'indulgent patron. L'ayant laissée compléter son organisation et devenir tout-à-fait maîtresse, il voulait traiter avec elle et ne se décidait à la combattre, que sous la pression de la Chambre et de l'opinion publique. Mais on ne put l'empêcher de parlementer sournoisement jusqu'au bout avec les citoyens communeux Mottu, Lockroy, Bonvalet, Ranc, Courbet, etc. Et en ce moment-là même où la république radicale épouvantait la France par ses folies et ses turpitudes, il s'engageait secrètement envers les radicaux de province à fonder la république. Laquelle? Evidemment la république radicale, ou une république modérée qui pût en un tour de main être changée en radicale. Depuis il refusa de poursuivre le sieur Ranc, signataire du décret des otages, et le fit défendre, au grand scandale de la Chambre, par M. Dufaure. Les condamnations de Courbet et de Rochefort furent aussi adoucies que possible par sa haute protection. Maintenant qu'il n'est plus au pouvoir, il ne se met plus en peine de dissimuler ses sympathies. Aussi *le sinistre vieillard*, le *bombyx à lunettes*, est-il devenu pour les radicaux l'*illustre citoyen*, le *libérateur* de la France ; on le flatte, on l'adule, on lui lèche les mains. Et le flair des radicaux ne les trompe pas : M. Thiers est à eux.

« Je suis du parti de la Révolution, tant en France qu'en Europe, disait-il en 1848; je souhaite que le gouvernement de la Révolution reste dans les mains des hommes modérés; je ferai tout ce que je pourrai pour qu'il continue à y être. Mais quand ce gouvernement passera dans les mains d'hommes qui seront moins modérés que moi et mes amis, dans les mains des hommes ardents, *fussent les radicaux*, je n'abandonnerai pas ma cause pour cela, je serai toujours du parti de la Révolution ! »

On n'affirme pas plus effrontément la souplesse de ses principes: l'inventeur malheureux de la République *conservatrice* est du parti de la *révolution* à perpétuité, même avec les *radicaux.*

Les républicains honnêtes se plaignent souvent qu'on les confonde avec les radicaux, qu'on leur jette à la face les hontes de la Terreur et de la Commune. Ils ne peuvent s'en prendre qu'à eux seuls de la confusion. Ils font tout pour se rendre solidairement responsables.

Modérés et radicaux méritent en toute justice d'être renvoyés dos à dos, comme adeptes des mêmes doctrines et complices des mêmes forfaits. Les uns enjôlent, les autres menacent ; les uns débordent de grands mots, les autres hurlent; les uns sont la tête qui mûrit le complot, les autres le bras qui frappe aveuglément. Et voilà toute la différence.

Les faits sont là, parlant plus haut que toute théorie: tout républicain, si honnête et si doucereux qu'il se fasse, sciemment ou involontairement, par sympathie, complaisance ou nécessité, est communard à son heure.

LES FAITS.

—

NOS ESSAIS DE RÉPUBLIQUE.

La République est donc inadmissible en théorie. Mais il ne faut pas la juger seulement sur ses divers programmes ; elle a existé, et ses applications sont sa plus grave condamnation.

L'essai en a été fait : essai loyal, puisqu'il a été tenté successivement par des républicains de toute nuance ; essai plusieurs fois renouvelé, dans des circonstances diverses, avec des hommes nouveaux et des programmes différents. Aucune forme de gouvernement n'a été plus souvent et plus malheureusement essayée dans ce dernier siècle. Une telle expérimentation est la démonstration irréfutable de cette vérité : De toutes les formes de gouvernement, la République est celle qui convient le moins à la France.

Si les républicains s'exaltent entre eux au souvenir de leurs antécédents, ils les renient volontiers, quand ils font à d'honnêtes gens l'apologie de la République. Ce sont des erreurs qui ne se renouvelleront plus, disent-ils, qu'ils regrettent autant que nous, et qu'il vaut mieux laisser à l'oubli du passé.

Au lendemain de la proclamation de la première république, c'était déjà la tactique. Robespierre, accusé d'avoir poussé aux massacres de septembre, ne se défendait pas autrement devant la Convention : « Quant aux faits répréhensibles qui ont pu avoir lieu, je les ignore. » Ainsi on égorge à Paris 1368 personnes, les massacres se répètent par toute la province, et ceux-là

mêmes qui ont ourdi le complot, armé et payé les assassins, prétendent ignorer ces crimes éclatants ; ils les
appellent des faits *répréhensibles, qui ont pu avoir
lieu.* Pétion, ayant à rendre compte de la situation,
avait déjà dit : « Permettez-moi de jeter un voile sur le
passé, d'éloigner vos regards de ces scènes qui contris-
tent l'âme ; espérons qu'elles ne se reproduiront plus...»
Et l'on était à la veille de la Terreur.

Il faut au contraire le relever ce voile dont les républicains couvrent si volontiers leur passé, — le passé est
le plus sûr enseignement de l'avenir ; — il faut mar-
quer à leurs fronts, au fer rouge, et leurs extravagances
ridicules et coupables, et leurs trahisons, et leurs vols,
et leurs assassinats, et leur despotisme sans frein au
nom de la liberté ; dût ce triste spectacle humilier
notre orgueil de Français, car raconter l'histoire de la
République, c'est étaler toutes nos misères et rouvrir
toutes nos plaies, c'est montrer notre chère France ridicule et banqueroutière, couverte de sang et d'igno-
minie, mise au ban des nations, comme une folle fu-
rieuse ou une pestiférée.

« Le gouvernement de la canaille, » comme l'appelle
Voltaire, s'est par trois fois imposé à la France, tout
frais éclos d'une émeute. Les faits, sommairement rap-
pelés, feront voir ce qu'il a été et ce qu'on peut en
attendre.

La première République française date du 22 septembre 1792 ; la Révolution avait commencé aux États
Généraux de 1789.

Le roi Louis XVI, très-préoccupé du bonheur du
peuple, avait été le premier à inaugurer l'ère des réformes : il avait spontanément supprimé le droit de
main-morte et de servitude dans les domaines royaux,

aboli la question préparatoire, établi les monts-de-piété et garanti la liberté religieuse (1779 et 1780).

Tous ses ministres, et particulièrement Turgot et Necker, s'étaient aussi montrés passionnés réformateurs. Le premier avait supprimé 23 espèces d'impositions, tout en diminuant de 112 millions la dette de l'Etat ; il avait en outre supprimé différentes corvées, réformé nombre d'abus et détruit, entre autres choses qu'il eût mieux valu conserver, les maîtrises et les jurandes. Le second, sévère réorganisateur des finances, avait créé des assemblées provinciales pour la levée et la répartition des impôts.

Ces réformes progressives n'avaient pu suffire à calmer l'effervescence générale. Tous les esprits, dans le clergé, dans la noblesse, comme dans le peuple, attendaient impatiemment une rénovation sociale.

C'est dans ces circonstances que furent réunis les Etats Généraux, qui prirent bientôt le nom d'Assemblée Constituante. « Personne ne doutait que la destinée du genre humain ne fût intéressée à ce qu'on était près d'accomplir. » (M. de Tocqueville). En effet, les trois ordres, clergé, noblesse et tiers-état, apportaient des projets de vastes réformes à faire ou plutôt à consacrer et à généraliser, la plupart existant déjà de fait : égalité devant l'impôt et devant la loi, liberté civile et politique, liberté de la presse et liberté de conscience ; convocation périodique d'une assemblée chargée de voter l'impôt, etc. Toutes ces idées se résumèrent bientôt dans la *Déclaration des droits de l'homme et du citoyen* qui contenaient ce qu'on est convenu d'appeler les *immortels principes de 89.*

Les républicains n'ont aucun droit à se faire honneur des *immortels principes.* On n'était pas alors en république, il n'était pas question de la fonder : six millions de Français venaient de voter pour la monarchie et l'inviolabilité du Roi. L'Assemblée Constituante était monarchique : elle contenait cinquante évêques, dont la plupart étaient connus pour leurs vertus et leurs talents; elle contenait les représentants de la plus haute et de la meilleure noblesse, élite du royaume. Mais elle avait le tort de partager l'illusion commune à tout un peuple travaillé par la philosophie athée : elle voulait accorder la monarchie et la révolution.

Les républicains ne peuvent réclamer pour eux, à cette époque, que les émeutes, les pillages et les exécutions sommaires : la prise de la Bastille, les journées des 5 et 6 octobre, l'affaire du Champ-de-Mars, la journée du 10 août et les massacres de septembre.

La nuit du 4 août montra bien qu'on n'arrachait au clergé et à la noblesse aucune concession : ils avaient pris la tête du mouvement. Dans cette nuit célèbre, quand chacun fut venu volontairement proposer le sacrifice de ses priviléges, quand le vicomte de Noailles, le duc d'Aiguillon, le marquis de Foucaud, les évêques de Chartres et de Nancy, l'archevêque d'Aix, eurent réclamé toutes les libertés et toutes les égalités, à une heure déjà très-avancée, l'archevêque de Paris vint demander qu'un *Te Deum* d'actions de grâces fût chanté en présence du Roi et de l'Assemblée dans la chapelle royale. Et Lally-Tollendal de s'écrier : « Au milieu de tous ces élans, de tous ces transports qui confondent tous nos sentiments, tous nos vœux, toutes nos âmes, ne devons-nous pas nous souvenir du Roi ; du Roi qui nous a abandonné de lui-même tous les droits que sa justice a reconnu ne pas devoir conserver ? C'est au milieu des Etats Généraux que Louis XII a été proclamé le père du peuple ; je propose qu'au milieu de cette Assemblée nationale Louis XVI soit. proclamé le *restaurateur de la liberté française !* » Des acclamations unanimes accueillent cette motion et, à deux heures de la nuit, l'Assemblée se sépare dans un enthousiasme indescriptible et aux cris mille fois répétés de : Vive le Roi !

Les *immortels principes* étaient donc l'expression des idées, des désirs, des illusions naïves de tous, et plus particulièrement des classes aristocratiques de la société, qui n'en prévoyaient pas les conséquences inévitables.

Cette Déclaration des droits de l'homme, à côté de vérités incontestables, contient des principes vagues, des niaiseries, et sanctionne le droit à l'insurrection, en rangeant parmi les *droits naturels et imprescriptibles la résistance à l'oppression.* (Art. 2.) Elle a tout ébranlé : le principe religieux, le principe d'autorité, la liberté individuelle et communale, et jusqu'à la famille. Devant elle sont tombées la liberté d'enseigner et celle de tester. Tout ordre naturel a été compromis par la tyrannie légale du nombre ou des plus audacieux, et le sentiment exagéré du droit a remplacé la notion plus sociale du devoir. Les classes dirigeantes ont été rendues impuissantes et irresponsables, on les a confinées aux jouissances matérielles ; les classes pauvres, envieuses de ces jouissances, n'ont plus eu d'autre but que le bouleversement de la société. Des mêmes principes a découlé cette manie égalitaire qui nous a embourbés dans le suffrage universel, la garde nationale, le partage et enfin le socialisme, défini par Proudhon : le dernier rêve de la crapule en délire.

Les folies et les horreurs de la première république furent leur conséquence immédiate.

Cependant la Constituante a fait place à la Législative, et celle-ci à la Convention. Les hommes sont changés : aux utopistes de 89 ont succédé les Girondins, orateurs brillants, mais sans moralité politique, modérés et entraînés cependant à tous les crimes des exaltés, leurs collègues les Montagnards.

Le premier acte de la nouvelle Assemblée, composée de 749 membres, est l'abolition de la royauté, prononcée par 371 voix, c'est-à-dire une minorité, sur la proposition de deux Montagnards, Collot-d'Herbois, ex-comédien sifflé, et Grégoire, l'abbé renégat, qui se laissa plus tard faire comte et sénateur de l'Empire.

Dès la seconde séance, un autre Montagnard, Billaud-Varennes, demande la suppression des tribunaux, « source de désordres et suppôts de la tyrannie. » La Convention décrète seulement que les juges pourront être choisis parmi tous les citoyens indistinctement, sans justification de connaissances spéciales. Première application de ce principe : un républicain est apte à tous les emplois par cela seul qu'il est républicain.

Puis adoption du bonnet rouge des forçats, des arbres de la liberté, du tutoiement forcé.

Ces utiles réformes ne suffisent pas au patriotisme des Montagnards : il faut baptiser la jeune république du sang du Roi.

Le roi Louis XVI est accusé de crimes vagues et imaginaires, jugé par ses accusateurs et condamné à mort à une faible majorité. Pour cet attentat, comme pour tous ceux qui doivent fatalement suivre, modérés et radicaux sont d'accord. En vain le Roi demande-t-il l'appel au peuple : on se soucie bien de l'assentiment du peuple en république ! Le 21 janvier 1793, l'infortuné *restaurateur de la liberté française* meurt sur l'échafaud en roi et en chrétien.

Cet assassinat, à peine dissimulé sous des formes légales de fantaisie, est un des crimes dont les républicains sont le plus fiers ; ils s'en sont vantés, ils s'en vantent encore, et tout récemment M. Jules Favre, en pleine Assemblée nationale, a osé en faire l'apologie.

Mais la mort de Louis XVI n'était pas seulement un exécrable forfait, c'était une faute politique dont les conséquences ne se firent pas attendre. L'Europe entière, Angleterre, Prusse, Allemagne, Autriche, Italie, Hollande, Espagne et Russie, se coalisent contre nous. Alors commence cette guerre d'extermination, qui dévorera les hommes et les millions pendant vingt-trois ans, sans interruption, et ne cessera que par le retour des Bourbons. En même temps plus de cinquante départements se soulèvent ; les plus grandes villes de France, Lyon, Marseille, Bordeaux, s'insurgent contre la tyrannie de Paris ; en Vendée, le tocsin sonne dans 700 paroisses à la fois, le peuple prend les armes à la voix d'un voiturier et d'un garde-chasse, et déclare à la République cette guerre que Napoléon appela *une guerre de géants*.

Pour lutter contre ces ennemis, suscités par la République, il faut des soldats. On déclare la patrie en danger, on demande des volontaires : les volontaires sont insuffisants ; on décrète la levée en masse de 18 à 60 ans. On forme ainsi neuf armées, dont l'effectif atteint le chiffre alors énorme de 718,000 hommes. Cependant l'étranger 'est entré en France, il avance, la vieille armée royale a peine à le contenir, les recrues se sauvent, les commissaires envoyés par la Convention entravent tout, les généraux émigrent ou périssent sur l'échafaud.

A l'intérieur, bien que la résistance à l'oppression ait été déclarée un droit imprescriptible, elle est partout étouffée dans le sang. On vote la loi des suspects ; on organise le tribunal révolutionnaire, sans appel ni recours en cassation. Les Girondins réclament une armée recrutée en province pour protéger la Convention contre l'émeute ; on préfère les caprices despotiques de l'émeute, et pour en faire jouir le reste de la France on crée l'armée révolutionnaire, composée de 6 à 7000 sans-culottes parisiens, qui ne vont pas à l'ennemi, mais qui, tandis que les vrais soldats manquent de tout, reçoivent 2 francs de solde par jour, pour promener en province des canons chargés à mitraille et des guillotines.

Tout le monde commande en dictateur : Convention, Commune, Comités de salut public et de sûreté générale, clubs des Cordeliers et des Jacobins, tous commandent, excepté le peuple souverain, qui est fusillé, mitraillé, noyé, guillotiné et même empoisonné ; excepté ses représentants, qui s'emprisonnent, se bannissent, se guillotinent mutuellement, si bien qu'il n'en reste pas deux cents présents et que pendant deux mois il n'en reste pas cent.

L'ignoble Marat s'écrie : « Donnez-moi 300,000 têtes; pendez à leurs portes tous les marchands, tous les boulangers, tous les épiciers ; je réponds que la patrie est sauvée. » Et on le porte en triomphe ; il est assassiné, on lui fait une apothéose.

Le charlatan Danton, ancien procureur perdu de dettes, vocifère à la tribune comme sur une table de marchand de vin. Robespierre, solennel tartufe, monstre élevé par la charité de l'évêque d'Arras, Montagnard en jabot, en ailes de pigeon, en bas de soie, en chapeau à plumes et en lunettes bleues, bave et grimace ses interminables *âneries* en l'honneur des cœurs sensibles, du civisme et de la vertu. Derrière eux, une bande de grédins : le boucher Legendre, le comédien Collot-d'Herbois, Fréron, Billaud-Varennes, Camille Desmoulins, tous députés de Paris ; Léon de Saint-Just, jeune débauché, à peine échappé d'une maison de correction ; Couthon, paralysé par suite d'excès de jeunesse ; Hébert, ancien vendeur de contre-marques et escroc de profession, rédacteur du *Père Duchêne*, etc.

La reine Marie-Antoinette, qui avait tant aimé la France et avait montré tant d'héroïsme aux mauvais jours, est conduite à l'échafaud, et en même temps qu'elle, vingt-deux députés Girondins, les modérés de la Convention.

« Dans les révolutions, l'autorité reste aux plus scélérats. » (Danton.)

Puis les loups se mangent entre eux. Hébert, Chaumette, Ronsin et dix-sept autres sont condamnés et exécutés. Enfin vient le tour de Danton, accusé de modérantisme ; il est guillotiné avec quinze autres députés.

La Terreur est à son comble ; les victimes tombent par milliers : la douce et sainte Mme Elisabeth, sœur du Roi, pour avoir « aidé la barbare Antoinette à mordre des balles ; » l'ancien ministre Malesherbes, dont la seule objection est que tout cela n'ait seulement pas le sens commun ; le chimiste Lavoisier, à qui l'on refuse avec ce mot : « La République n'a pas besoin de savants, » un sursis de quelques heures, pour achever une découverte ; les poètes Roucher et André Chénier, tous les fermiers généraux, tout le parlement de Toulouse, etc. Quatre-vingt-cinq députés sont proscrits.

Cependant 44,000 comités révolutionnaires, tenus en haleine par les commissaires de la Convention, fonctionnaient dans toute la France. A Nantes, Carrier, pour aller plus vite en besogne, avait inventé les noyades et fait périr 32,000 personnes, dont 13,923 hommes non nobles, 2231 femmes et 2000 enfants. Lyon, pris après un siége et un bombardement de soixante-trois jours, avait été mis à feu et à sang par Collot-d'Herbois, Conthon et Fouché, et nommé *Commune affranchie*. Marseille, terrorisé par Barras, avait reçu la désignation de *Ville-sans-Nom*. Lindet à Caen, Lebon à Arras, Tallien à Bordeaux, Fréron à Nimes, s'étaient immortalisés par leurs cruautés et leurs excès. Toulon n'avait pas eu moins à souffrir des barbaries républicaines, comme on en peut juger par cette lettre du futur Napoléon 1er, alors commandant d'artillerie, qui avait concouru à la prise de la ville :

« Citoyens représentants, c'est du champ de la gloire, marchant dans le sang des traitres, que je vous annonce avec joie que vos ordres sont exécutés et que la France est vengée : ni l'âge ni le sexe n'ont été épargnés ; ceux qui avaient été seulement blessés par le canon républicain ont été dépêchés par le glaive de la liberté et par les baïonnettes de l'égalité. *Signé* Brutus Bonaparte, citoyen sans-culotte. »

Mais rien n'avait pu dépasser les sauvages extravagances du tribunal révolutionnaire de Paris, où le banqueroutier Fouquier-Tinville servait d'accusateur public. Des jurés, les uns étaient sourds, les autres toujours ivres ; la plupart refusaient d'entendre les témoins. On est *suspecté d'être suspect d'incivisme* ;

peine de mort. Les méprises y sont à l'ordre du jour : on condamne le père pour le fils, la fille pour la mère ; on condamne des malheureux qui ne sont pas accusés ; on condamne des jeunes gens de vingt-cinq ans, célibataires, comme pères d'émigrés ; on condamne des vieillards tombés en enfance et jusqu'à des fous ; on condamne des gens déjà guillotinés. Dans ce désordre soixante-deux personnes acquittées sont un jour exécutées par mégarde. Les prisons contiennent 8000 détenus : on imagine pour les vider une guillotine à quatre couperets. Et les victimes ne sont pas seulement des nobles et des prêtres ; toutes les classes de la société fournissent leur contingent : sur 3335 accusés, il se trouvait 1317 ouvriers ou domestiques.

Des esprits pratiques avaient songé à utiliser ces hécatombes humaines : l'un proposa *de saler et de mariner* les chairs des suppliciés qui seraient reconnues saines et de *qualité mangeable* ; un autre obtint le château de Meudon pour y établir une tannerie de peau humaine.

D'après les calculs du sans-culotte Prud'homme, le nombre des victimes de la République — sans compter les soldats morts devant l'ennemi — s'élèverait à plus d'un million : le peuple, paysans, ouvriers et petits bourgeois, y serait pour plus des deux tiers.

Grande était alors la misère en France. Le commerce était ruiné par la loi du *maximum*, les terres restaient en friche, les denrées de première nécessité étaient hors de prix. Le pain coûtait 15 sous les quatre livres en numéraire ou 2,000 fr. en assignats.

« Le boucher, dit le *Père Duchêne*, n'a plus que de la réjouissance et des os pour les petites pratiques ; le marchand de vin, quand vous vous plaignez d'avoir été empoisonné par son f.... mélange, vous ricane au nez en vous disant que c'est du *maximum*. Le cordonnier n'a plus de cuir pour chausser les sans-culottes, mais en récompense il ne manque pas de carton ni de papier mâché. Les regrattiers n'ont plus de beurre et d'œufs que pour les grosses bouches ; les épiciers, je suis las d'en parler, f....., ils vous vendent de la poussière de bois pourri pour du poivre, de l'huile d'œillette pour celle de Provence, des feves brûlées pour du café »

On distribuait pourtant à Paris gratuitement ou presque gratuitement du pain et de la viande pour plus de 90 millions par an. En outre tout citoyen touchait 2 fr. d'indemnité pour assister aux assemblées des sections. Mais un beau jour l'administration des subsistances dut demander *par humanité* qu'on réservât la viande aux malades et aux femmes en couches. On prêcha un carême civique et l'on ensemença les Tuileries.

Et pendant que le peuple meurt de faim, les farouches Montagnards ripaillent dans leurs villas des environs de Paris ; ce ne sont que *dîners à trois étages*, orgies et débauches infâmes.

L'instruction est déclarée obligatoire et les écoles sont désertes. Dissolution de l'Académie française, de celle des Sciences, de toutes les Sociétés savantes, de toutes les universités, de tous les colléges.

Le mariage est libre, le divorce fêté : les enfants naturels sont assimilés aux légitimes ; les filles-mères reçoivent une prime.

La religion catholique est remplacée par divers cultes républicains. C'est d'abord le culte de la Nature, « souveraine des sauvages et des nations éclairées. » L'idole représente une égyptienne remplissant un bassin de l'eau qu'elle fait jaillir de ses mamelles, et l'on boit à sa santé dans une coupe antique. Ce nouveau culte est inauguré en l'honneur de la Constitution de l'an III, constitution inapplicable et inappliquée, qui osait proclamer dans ce pathos insolent dont les républicains ont le secret, que « La République honore la loyauté, le courage, la vieillesse, la piété filiale, le malheur. Elle remet le dépôt de la Constitution sous la garde de toutes les vertus. » Et l'on était en pleine Terreur.

Puis vient le culte de la Raison. La déesse est une actrice à demi nue, qu'on installe dans l'église Notre-Dame, avec des cantiques de circonstance. Portée à la Convention, le président lui fait les honneurs de la séance et les députés poussent la dévotion jusqu'à danser autour d'elle la carmagnole en sabots et en bonnets de galériens. La danse sacrée était une passion de ces héros : Chaumette avait dansé toute une nuit avec des négresses dans Notre-Dame.

Enfin Robespierre établit le culte de l'Etre suprême, divinité anonyme; indéfinie et peu exigeante. L'Etre suprême le récompensa généreusement de ses peines, en le nommant par la bouche de Catherine Théot, vieille sorcière alors à la mode, son *Messie*, son *Verbe*, son *Fils*.

Le dimanche supprimé avait été remplacé par le repos forcé du décadi et d'une foule de fêtes républicaines ; le catéchisme par la Déclaration des droits de l'homme ; les saints du calendrier par des fruits et des légumes. La châsse de sainte Geneviève, patronne de Paris, avait été brûlée en place de Grève ; les clochers abattus comme contrariant l'égalité républicaine ; les paroisses, les évêchés, les couvents, les hôpitaux mis à sac et déclarés biens nationaux.

Telles sont, brièvement esquissées, les utiles réformes opérées par les immortels fondateurs de la grande République. Pour tout bon républicain la Convention est restée, malgré quelques taches, un modèle inimitable, et les Montagnards sont les apôtres d'une ère de grandeur et de prospérité : on ne peut douter, sans crime, de leurs vertus austères, de leur sublime intelligence, de leur abnégation et de leur patriotisme.

Les mots de liberté, égalité, fraternité, s'affichent partout, comme une dérision ; mais ils sont suivis de *ou la mort*, et ce dernier seul fait loi. La liberté est la tyrannie de la peur, avec la guillotine en permanence entre les mains des fous ; l'égalité est l'effacement de tout ce qui est grand et noble, traîné dans la boue, et l'apothéose de l'infamie ; c'est la guenille et le panache, la faim et l'orgie, l'encanaillement obligatoire ; la fraternité est la délation érigée en devoir, le vol en droit, l'assassinat en vertu, c'est la fraternité du coupegorge et du lupanar ! Danton a trouvé le vrai nom de la fraternité républicaine : *fraternité de Caïn*.

Honneur aux victimes ! dans la charrette fatale, ce sont les gloires de la France qui passent. Et honte éternelle aux bourreaux, ridicules et lâches scélérats, « héros de la peur qui tuaient dans la crainte d'être tués ! » (Châteaubriand.)

Robespierre, Couthon, Saint-Just et vingt-deux Montagnards, tombèrent au 9 thermidor et subirent la peine du talion. Ceux qui les envoyaient à l'échafaud, leurs propres complices, Tallien, Billaud-Varennes, Legendre, Barrère, etc., renversés à leur tour, furent les uns exécutés, les autres bannis.

La réaction était générale en France ; on dut rapporter quelques mesures violentes. Nos soldats, plus aguerris, remportaient de glorieuses victoires.

Enfin, après trois ans de dictature et le vote de 8370 décrets, la Convention, menacée jusqu'au bout par l'émeute, se dissout, laissant à la France une nouvelle constitution et le Directoire (27 octobre 1795).

En se séparant, soit sinistre raillerie, soit obtusion complète de tout sens moral, la Convention abolit la peine de mort et nomma place de la Concorde la place souillée par la guillotine.

Le Directoire était une nouvelle forme de République entièrement différente de la première. Au lieu d'une seule Chambre despotique, concentrant en elle tous les pouvoirs et exerçant l'autorité la plus capricieuse et la plus absolue, le pouvoir exécutif était confié à cinq Directeurs, et le pouvoir législatif divisé entre deux Conseils équivalant à ce que nous appelons maintenant Sénat et Chambre des députés : le Conseil des Anciens et celui des Cinq-Cents.

Après l'essai de la République autocratique, c'était un essai de République constitutionnelle : il ne réussit pas mieux, ne fut pas plus libéral, et, par un effet de réaction, fut moins populaire encore que la Convention.

La nouvelle république fut soumise à l'acceptation du pays. Sur près de cinq millions d'électeurs, quatre millions s'abstinrent, 914,000 votèrent pour, et 41,000 contre. Naturellement on ne tint aucun compte de ce désaveu de la nation : ce n'est pas dans les habitudes des républicains.

Quoique les premiers Directeurs, cinq régicides, eussent donné des gages de leur foi républicaine, la première opposition violente à la nouvelle république vint des républicains. Gracchus Babœuf trama une vaste conspiration qui réunit jusqu'à 17,000 partisans. Autre complot au camp de Grenelle. L'un et l'autre furent suivis de bon nombre d'exécutions capitales.

Dès les premières élections (an **V**), les députés envoyés aux Conseils formèrent une majorité hostile au Directoire, et Pichegru, fort compromis avec les royalistes, fut nommé président des Cinq-Cents.

La République parlementaire respecta-t-elle la représentation nationale et la constitution ? Pas plus que ne l'avait fait la Convention. Elle employa les mêmes procédés.

Le 18 fructidor, trois Directeurs font arrêter les deux autres et disperser les Conseils par 15,000 hommes de troupes. Ils condamnent à la déportation 11 députés du Conseil des Anciens, 42 députés du Conseil des Cinq-Cents, Ramel, commandant de la garde du Corps législatif, qui avait tenté de s'opposer à l'envahissement des Chambres, des journalistes, des suspects, etc. Les élections de 48 départements sont cassées, et les députés ne sont pas remplacés ; les juges, les maires sont cassés et remplacés arbitrairement ; la presse muselée et 12 journaux supprimés ; tout prêtre peut être déporté, sans enquête ni procès, sur un simple arrêté du Directoire — et peu de temps après trois navires chargés de prêtres partaient pour la Guyane ; — les émigrés rentrés doivent quitter Paris dans les 24 heures et la France dans les quinze jours, sous peine d'être fusillés.

Tels sont les procédés des républicains modérés et parlementaires.

Pour ne pas rencontrer la même opposition aux élections de l'an VII, le Directoire imagina de faire voter de doubles élections ; il accepta ensuite ou élimina les élus à sa fantaisie et annula simplement les élections royalistes. N'était-ce pas aussi ingénieux qu'impudent ?

Mais les Conseils ne tardèrent pas à prendre leur revanche et forcèrent trois Directeurs à donner leur démission. Deux des nouveaux Directeurs, Sieyès et Roger Ducos, complotèrent aussitôt le renversement de leurs trois collègues, et, dans ce but, rappelèrent d'Egypte le victorieux général Bonaparte. Le complot éclata au 18 brumaire (9 novembre 1799); Bonaparte gagna les Anciens avec des promesses et jeta les Cinq-Cents par les fenêtres.

Cet acte du jeune général était peu légal sans doute, mais il était profondément républicain : le Directoire, au 18 fructidor, en avait fourni l'exemple et l'excuse.

Ainsi se termina, au bout de quatre ans seulement, le second acte du drame moitié sanglant, moitié burlesque, de la République française.

Le Consulat, qui succéda au Directoire, conserva le nom de République, mais ce troisième acte ne fut en réalité qu'une introduction de quatre autres années à l'Empire. Fort du dégoût général pour la République et les républicains, Bonaparte obtint pour sa nouvelle constitution quatre millions de suffrages. Il se fit nommer Consul pour dix ans, puis à vie, et s'empara successivement de toutes les prérogatives de la souveraineté, avant de prendre le titre d'empereur.

Le Directoire n'eut de remarquable que son incapacité, sa tyrannie, sa rare immoralité et ses immenses dilapidations. Les fonctionnaires s'enrichirent de la misère publique. Le plus crapuleux des Directeurs, Barras, réalisa dans des tripotages éhontés une magnifique fortune, tandis que la France faisait banqueroute. Les Conseils se partagèrent sans scrupules le traitement de leurs collègues déportés. Sieyès, pour prix de sa trahison, put s'emparer de 800,000 francs restant dans la caisse du Directoire, et Bonaparte y ajouta la terre de Crône, évaluée à un million ; Roger Ducos n'eut que 120,000 francs.

Les prêtres et les émigrés durent reprendre le chemin de l'exil. Nouvelle loi des suspects, la loi des otages, laissa la liberté de tous à la discrétion du gouvernement.

Enfin, comme la Convention, le Directoire inventa sa religion : la *Théophilanthropie*. Le Directeur Lareveillère-Lepeaux en fut le grand pontife. Les prêtres officiaient en robes blanches et en ceintures tricolores ; ils offraient au *Dieu de la Nature*, avec des cantiques philosophiques, des fleurs et des fruits.

Tandis que Bonaparte en Egypte pratiquait publiquement le mahométisme, des soldats français commettaient en Italie un crime inouï. Le Pape, arraché à Rome, fut traîné captif à travers l'Italie et la Provence, et jeté en prison à Valence, où il mourut accablé par les privations et les mauvais traitements de ses geôliers.

De ces sinistres farceurs, fondateurs de la grande République, ceux qui échappèrent à la guillotine des frères et amis abjurèrent toute haine des tyrans et se vendirent à Bonaparte empereur. On peut juger de la sincérité de leurs convictions républicaines par ce relevé des emplois obtenus par les seuls régicides :

« 2 ont été ministres de Napoléon Ier ; 4 sont devenus sénateurs ; 12 ont siégé au Tribunat ou au Corps législatif ; 2 au Conseil d'État ; 3 au Conseil des prises ; 7 à la Cour de Cassation ; 10 dans les Cours d'appel ; 12 dans les tribunaux de première instance ; 5 ont été procureurs impériaux ; 10 préfets, 3 sous-préfets ; 5 receveurs généraux, 1 receveur particulier ; 30 ont occupé des emplois divers, etc. » — Mortimer-Ternaux.

En tout cent douze Montagnards.

Si l'on veut bien remarquer qu'avant la révolution,

eux et leurs semblables avaient également prêté serment au Roi et sollicité des places de l'ancien régime, que Robespierre, Saint-Just et Fouquier-Tinville, pour n'en citer que trois des plus irréconciliables, avaient adressé à Louis XVI, en prose et en vers, les plus basses flatteries, on se consolera de n'avoir pas vécu avec les héros de la révolution : ils ne différaient en rien des républicains de nos jours.

Quant à la République elle-même, M. Thiers, qui porte quelque intérêt à la République conservatrice et modérée, juge ainsi ses premiers essais :

« La République a été essayée d'une manière concluante, suivant nous. On nous objecte tous les jours : ce n'est pas la république sanglante comme celle de ces temps que nous voulons, nous la voulons paisible et modérée. Eh bien ! on commet une erreur grave quand on dit que l'expérience n'a pas porté sur ces deux points. Il y a eu une république sanglante pendant un an ; mais, pendant huit à neuf, c'était une république qui avait l'intention d'être modérée et qui a été essayée par des hommes honnêtes et capables.

« Cependant, en quelques années, le désordre était partout ; ces hommes d'État étaient honnêtes, et cependant le Trésor était livré au pillage ; personne n'obéissait ; les généraux les plus modestes, les plus probes, les généraux comme Championnet et Joubert refusaient d'obéir aux ordres du gouvernement : c'était un mépris, un chaos universel. Il a fallu que des généraux vinssent renverser le gouvernement (passez-moi l'expression) à coups de pied, et se mettre à sa place.

« Ainsi, dans ces dix ans, il s'est fait en France une expérience concluante sous les deux rapports. On a eu la république non-seulement sanglante, mais la république clémente, qui voulait être modérée, et qui n'est arrivée qu'au mépris, quoiqu'en majorité les hommes qui la dirigeaient fussent d'honnêtes gens.

« Aussi la France en a horreur ; quand on lui parle république, elle recule épouvantée, *elle sait que ce gouvernement* TOURNE AU SANG OU A L'IMBÉCILLITÉ. »

Un long entr'acte sépare la troisième constitution républicaine de la quatrième : cinquante ans. Pendant ce temps, l'Empire a remis partout un peu d'ordre matériel, fait des lois utiles, fondé des institutions durables et imposé un instant à l'Europe sa domination de conquérant ; la Restauration a fermé les plaies saignantes, réparé les injustices, payé les dettes, rouvert la voie du progrès et de la prospérité ; la monarchie de 1830 a donné toutes les libertés possibles, développé le commerce et l'industrie, favorisé l'instruction publique et accru l'aisance générale par une paix prolongée.

Tout à coup, à propos d'un banquet tapageur interdit par Louis-Philippe, éclate à Paris, cette boîte à mauvaises surprises, une nouvelle république. Le 22 février 1848, démonstrations et barricades ; le 23, la garde nationale fraternise avec les insurgés pour donner une petite leçon au gouvernement ; une décharge de la troupe attaquée fait quelques victimes, que l'émeute promène sur une charrette en criant : Vengeance ! Le 24, M. Thiers, ministre et créature de Louis-Philippe, se charge avec son aplomb méridional de tout faire rentrer dans l'ordre ; il s'y prend avec cette habileté dont nous avons eu un nouvel échantillon au 18 mars 1871. Dès qu'il commande, tout est perdu ; l'insurrection triomphe ; Louis-Philippe et sa famille sont obligés de fuir ; la Chambre est envahie ; quelques audacieux se déclarent gouvernement provisoire, se donnent le mandat de proclamer la République et de gouverner la France.

« La République est placée sous la tutelle de quelques honnêtes gens et de *blagueurs* de première force, mais d'une incapacité rare. » (Proudhon.)

Derrière M. de Lamartine, ex-garde du corps de Louis XVIII, rallié ensuite à Louis-Philippe, devenu charmeur attitré du monstre rouge, les républicains sont à la curée. C'est le juif Crémieux, petit-neveu de Judas, vendu et revendu à Louis-Philippe, qui ouvre les bagnes, les prisons, rend à la société les condamnés politiques et autres, demande le rétablissement du divorce et ramasse une jolie fortune. C'est le citoyen Ledru-Rollin, avocat aux conseils du roi, obligé de vendre sa charge à cause des scandales de sa conduite, criblé de dettes, et qui fait tout à coup fortune par un procédé plus honteux que le vol, qui s'empare sur la Liste civile de 27,000 fr., de six voitures et de 22 chevaux, sans parler des bouteilles de vin, fait disparaître un million et demi dont il ne rend pas compte, et compose avec le citoyen Jules Favre et la citoyenne Georges Sand, comparses dans la saturnale, ces fameuses circulaires où se trouvaient exposées leurs vues libérales : « Paris se regarde avec raison comme le mandataire de toute la population du territoire national, et, s'il ne peut pas persuader, il aura la douleur de vaincre. » C'est le citoyen Garnier-Pagès, ancien courtier d'une fabrique de savon, le grand financier de la république, qui laisse dans la caisse un déficit de 20 millions, sans pièces justificatives. C'est le citoyen Louis Blanc, élevé par la charité de Louis XVIII et secouru par les Bourbons même après leur exil, qui s'installe au Luxembourg et dépense 130,000 fr. en côtelettes à la purée d'ananas. C'est le citoyen Armand Marrast, solliciteur évincé de Louis-Philippe, condámné à mort en Espagne, qui endette en trois mois la caisse municipale de 30 millions, refuse tout compte de sa gestion et brûle sa comptabilité, qui cumule cinq ou six traitements comme membre du gouvernement, maire de Paris, liquidateur de la Liste civile, etc., et se fait livrer pour plus de 20,000 fr. des vins de Louis-Philippe. C'est Flocon, surnommé le *roi des estaminets*, qui ne pouvait manquer d'obtenir un haut emploi pour ses capacités comme buveur et fumeur, et surtout pour son rare talent au billard ; et la citoyenne Flocon qui, s'étalant dans les carrosses de la duchesse d'Orléans, s'écrie en extase : « C'est nous qu'est les princesses, maintenant ! »

Mot plein de sens, illustration de cette définition de Proudhon : « La démocratie, c'est l'envie ! »

Tels sont les grands hommes, les chefs de bande. Et tout autour, menu gibier de potence, grouille, mendie, pille et s'empiffre la meute inassouvie des inconnus.

O farouches et sublimes vertus républicaines, tempérance, moralité, probité, désintéressement, dévouement à la patrie, soumission aux lois, ne seriez-vous que préjugés de la réaction, et les grands maîtres de la République vous tiendraient-ils en mépris et en abomination !

Aussitôt proclamée, la République porte ses fruits ordinaires. L'Europe, qui a partout ressenti le contrecoup de la révolution, nous maudit et nous menace. L'émeute est en permanence dans la rue, le travail s'arrête, les capitaux se cachent, les immeubles perdent toute valeur. Paris est enfiévré par 140 journaux et 237 clubs ; le *Père Duchêne* reparaît, mauvais signe.

Les Tuileries sont pillées et l'on inscrit sur leurs murs : *Mort aux voleurs !* Ces mêmes murs devaient porter plus tard les mots : *Propriété nationale*, et n'être plus que des ruines fumantes.

Le gouvernement provisoire fonde les ateliers nationaux ; « il paie 1 fr. 50 et 2 fr. par jour une masse de fainéants qui font semblant de piorher sur le bord des routes, et qui le soir assistent aux clubs, où ils appuient les motions les plus révolutionnaires. On fait, on défait, on refait les décrets : on y met des considérants dignes de M. de la Palisse. Tout ce qu'on fait est coup de tête et casse-cou. » (Proudhon.)

On diminue d'une heure la journée de travail, souci bien inutile dans les circonstances. Le timbre des journaux est supprimé, la liberté de réunion illimitée accordée, le suffrage universel proclamé. Et les manifestations ameutent de soixante à cent vingt mille hommes.

L'Assemblée Constituante se réunit enfin le 4 mai. Dix jours après (15 mai) la salle est envahie ; assemblée et commission exécutive, un moment jetées bas, ne sont rétablies que par la garde nationale et la garde mobile.

On comprend enfin qu'il est impossible d'entretenir plus longtemps 120,000 ouvriers à ne rien faire et dépenser pour eux 180,000 fr. par jour : la suppression des ateliers nationaux est résolue. Nouveau prétexte à insurrection, qui éclate le 23 juin. La lutte est ardente ; cinq généraux sont blessés le premier jour. Le 24 la bataille continue ; le 25, le général Bréa, ayant voulu parlementer avec les insurgés, est lâchement assassiné. Mais les gardes nationales des départements arrivent et changent la face du combat. Le 26, l'archevêque de Paris, Mgr Affre, veut arrêter l'effusion du sang : il est assassiné sur la barricade de la place de la Bastille.

C'est le dernier effort des républicains. Deux généraux ont été tués, six blessés. Dans les hôpitaux on reçoit 1,781 blessés et 364 dans les ambulances. Onze mille hommes sont arrêtés ; trois mille condamnés à la déportation. Le nombre des victimes de ces néfastes journées, de février à juin, n'est pas moindre de vingt mille.

Exécrée enfin par tous, cette République de surprise est démolie pierre à pierre. Tous les décrets sont abrogés, toutes les lois rapportées les unes après les autres ; les ateliers nationaux sont supprimés, la presse et les clubs réglementés, l'état de siége levé, etc. A la plus grande rage des républicains, on envoie une brigade à Rome protéger le Saint-Père et faire peur à Garibaldi.

Le 12 novembre, proclamation de la nouvelle Constitution ; les députés se lassent, 300 sont en congé.

Un mois après, un étranger, un inconnu, sur la seule recommandation de son nom anti-républicain, Louis Bonaparte, est élu président par plus de cinq millions de voix sur sept millions de votants. Le général Cavaignac, son concurrent, républicain modéré, honorable dans sa vie privée comme dans sa vie militaire et vainqueur de l'insurrection de juin, n'obtient que 1.500,000 voix ; mais il était républicain de race, son père régicide avait fait la Terreur en province, comme commissaire de la Convention. Le girondin Lamartine, le plus brillant et le plus honnête des fondateurs de la République de 1848, échoue piteusement avec 8,000 voix. Les radicaux donnent 400 mille voix à Ledru-Rollin et au renégat Raspail.

La France consultée ne veut donc pas de la République, imposée par quelques factieux.

La garde nationale est réduite et rendue inoffensive ; les clubs sont supprimés, le timbre et le cautionnement des journaux rétablis, le suffrage universel restreint.

Les émeutiers du 15 mai, Barbès, Blanqui, Raspail, Sobrier, Albert et Quentin, sont condamnés à la prison ou à la déportation.

Le président gouverne sans se soucier de l'opposition de la Chambre et prépare l'opinion publique à une restauration de l'Empire.

Enfin, le 2 décembre 1851, par un procédé renouvelé du 18 fructidor, du 24 février et du 15 mai 1848, il dissout l'Assemblée législative, se crée président pour dix ans, demande une nouvelle Constitution, deux Chambres, etc. C'était l'Empire ; il fut proclamé l'année suivante.

Cette fois, la France n'avait pu supporter la République des républicains que pendant quatre mois. De 1848 à 1852, quatre régimes avaient été essayés : le gouvernement provisoire, la Constituante, la Présidence avec une seule Chambre et la Présidence avec deux Chambres.

L'Empire, passionné pour la guerre, devait fatalement tomber par la guerre ; il aboutit à Sedan.

La nouvelle de cette grande catastrophe, qui entachait l'honneur de la France et la livrait aux horreurs de l'invasion, fut accueillie par les républicains avec des cris d'allégresse. Du deuil de la France ils se firent une fête : « Paris n'avait jamais été plus joyeux ! » (M. Jules Favre.)

Tandis que tous les regards étaient tournés vers l'envahisseur, que toutes les forces se préparaient pour la lutte suprême, l'occasion leur sembla belle d'escalader le pouvoir. Avant qu'on eût eu le temps de se reconnaître, et profitant du premier moment de désarroi et de stupeur, ces larrons avaient fait leur coup de main sans danger et s'étaient partagé le butin.

L'Empire tombé, la République était un fait, si l'on

entend par ce mot de République la vacance du pouvoir; mais elle n'était pas une institution, elle n'était pas un régime légalement reconnu et organisé par le pays, elle était encore moins le triomphe des idées républicaines, et les républicains n'acquéraient, par le malheur de la patrie, aucun droit à gouverner leurs concitoyens.

L'Empire tombé, il restait la Chambre, représentation légale du pays, il restait le pays lui-même. Le pays, on ne le consulta pas ; la Chambre, on la chassa à coups de crosse de fusil, pour l'empêcher de nommer le gouvernement provisoire dont elle préparait la formation.

Cette usurpation en face de l'ennemi était un crime, qui n'eût pu être justifié que par le génie et le succès: elle fut la dictature de l'incapacité et du désastre.

Le 4 septembre se fit sous la haute protection de la future Commune. Le communeux Delescluze décida que les députés de Paris, à l'exclusion de ceux de la province, formeraient seuls le nouveau gouvernement. Alors que l'Allemagne nous écrasait de ses 900,000 hommes, bien armés, bien disciplinés, munis d'une artillerie formidable et commandés par de vieux généraux expérimentés, il eut pu sembler qu'il fallait avant tout se préoccuper du salut de la France. La vie de milliers d'hommes, la fortune publique, l'existence du pays était en jeu, la guerre était tout pour chacun et pour tous; il fallait des hommes de grand patriotisme et de profond savoir militaire, commandant la confiance aveugle et sachant se faire tuer; il fallait des héros... on prit des avocats.

Il est vrai qu'ils étaient républicains et partant aptes à tout. Ils assumèrent gaiement les plus lourdes responsabilités. Ignorants de toutes choses, ils ne se sentirent pas bornés par une spécialité; les Finances, la

Justice, l'Intérieur ou la Guerre, ils se contentèrent indifféremment d'un ministère ou d'un autre, ou de tous ensemble à l'occasion.

Ces sauveurs improvisés, c'était encore le juif Crémieux; c'était le citoyen Jules Favre de triste mémoire; c'était le vaudevilliste communard Rochefort ; c'était le faux-col de Garnier-Pagès; c'était Jules Ferry, l'homme d'un calembour, et le membre de l'Internationale Jules Simon ; c'était Gambetta, illustré par sa défense des futurs communeux; Glais-Bizoin, Picard, Arago, etc. Un seul général, plus connu par ses brochures et ses discours que par ses faits d'armes, fut admis après coup au sein de ce conseil d'émeutiers parvenus. A chaque nouvelle république, le mot de Proudhon est aussi vrai : « Blagueurs de première force, mais d'une incapacité rare. »

En même temps que le gouvernement, la Commune s'installe à l'Hôtel-de-Ville ; Rochefort y organise un conciliabule, composé de Ranc, Tibaldi, Flourens et Lissagaray.

Crémieux et Glais-Bizoin sont délégués pour révolutionner la province : ils s'y rendent aussitôt indépendants. Pour mettre un terme aux « mesures arbitraires » et « aux velléités imprévues et dictatoriales des délégués de Tours » on leur envoie le citoyen Gambetta. C'était assurer encore mieux l'insubordination. Gambetta, ministre de l'Intérieur et de la Guerre, annule ses collègues, et gouverne en despote oriental, sans contrôle ni du gouvernement ni du pays.

Le citoyen Gambetta remplace les conseils municipaux par des commissions, dissout les conseils généraux et d'arrondissement, et envoie cette circulaire aux camarades de brasserie qu'il a déguisés en préfets :

« Je vous transmets une pétition demandant la réunion de l'Assemblée nationale ; il y a là une propagande ; je vous prie de réunir les faits qui pourraient me mettre sur la voie de pareils *abus* et me signaler les promoteurs de ce mouvement fâcheux. •

Ainsi en République le peuple se gouverne beaucoup moins lui-même que dans la monarchie la plus autoritaire ; ses représentants légaux de tous degrés lui sont retirés, et les simples pétitions deviennent des abus. Singulière liberté !

En vain demande-t-on partout en France une représentation nationale, en vain la Prusse offre-t-elle en septembre, en octobre, en décembre, un armistice pour l'élection d'un gouvernement légal : les voleurs du pouvoir ne veulent pas le rendre. Ils décrètent la guerre à outrance ; les places sont lucratives, la République se fonde : périsse la France plutôt que la République !

Il était à craindre, en effet, que si les relations interrompues étaient un instant rétablies par un armistice, le jour ne se fît sur les mensonges officiels. A Paris, la province se levait en armées immenses, remportait victoires sur victoires et accourait au secours ; en province, Paris forçait les lignes d'investissement et jetait dans la lutte 200,000 hommes aguerris. La dure réalité une fois connue, les conditions offertes par la Prusse ne pouvaient manquer d'être acceptées : une partie de l'Alsace et de la Lorraine, sans Metz, et deux milliards. Mais on aurait probablement aussi remis les républicains à la place qui leur convient

Pour conjurer ce danger personnel, — le seul qu'il ait couru dans cette guerre où il envoyait si insoucieusement des milliers de soldats à la mort, — le gouvernement des avocats devient sublime de charlatanisme.

Les proclamations sont de plus en plus menteuses et fanfaronnes; Jules Favre jure de ne *céder ni un pouce de notre territoire, ni une pierre de nos forteresses ;* Gambetta *fait un pacte avec la mort,* et se sauve de Tours à Bordeaux. Un homme de beaucoup d'esprit a comparé les républicains entonnant leurs hymnes de guerre au ténor d'opéra qui chante: « Amis ! secondez ma vaillance! La toile une fois baissée, le chanteur ne se croit pas obligé d'aller combattre les ennemis; il rentre tranquillement souper et se coucher. »

Les honnêtes gens, les réactionnaires, faisant taire tout esprit de parti au milieu du danger commun, avaient offert à ce gouvernement dont ils ne voulaient pas, leur obéissance passive et leur dévouement. Il n'en fut pas de même des républicains : en République, l'anarchie n'a pas moins de droits que le despotisme.

A Paris, l'émeute avinée et armée jusqu'aux dents nomme ses chefs, s'exerce, parade, manifeste; elle est choyée, flattée, amusée ; la canaille n'a jamais été à pareille fête. Elle a ses clubs où elle surexcite l'enthousiasme démagogique, où elle exalte ses propres mérites: « Le monde a les yeux sur vous. Vous faites l'admiration de l'univers, et c'est Belleville qui sauvera l'Europe » (Salle Favié); où elle dénonce les membres du gouvernement comme *idiots et traîtres;* où elle redemande chaque jour 93, Robespierre et Marat. Les mots de ralliement sont: *guerre à outrance! sortie en masse !* Les Prussiens sont un bon prétexte. Mais l'illusion n'était pas possible: ce n'est pas des Prussiens qu'il s'agit, on se prépare à la *grande bataille.* « Les gens de Belleville à qui on distribuait des drapeaux et que l'on faisait sortir de Paris, disaient en rentrant et après avoir bu leur ration d'eau-de-vie : « Ce n'est pas à nous de sortir; c'est dans Paris que nous avons à faire, et non pas avec les Prussiens. » (M. Cresson, préfet de police.)

Le 31 octobre le gouvernement disparaît soudain et la Commune triomphe. Les mobiles de province et les bataillons de l'ordre arrivent et dispersent sans peine l'armée communarde. Le gouvernement se retrouve après quelques recherches, et le maire Arago est retiré sans accident de la cave où il se cache.

Jusqu'au 22 janvier, les réactionnaires sont obligés de défendre la république contre les républicains. Enfin l'armée étant rentrée dans Paris, les espérances de Commune sont ajournées jusqu'au 18 mars.

En province même désarroi : mairies et préfectures sont envahies; partout règnent les clubs et la garde nationale; partout le patriotisme républicain éclate en crimes et en orgies. Des bourgs inconnus, comme l'ia et Palalda, ont leur république ; la Ligue du Midi cherche à se rendre indépendante du reste de la France.

L'Algérie même est si bien révolutionnée par les soins du citoyen Crémieux, que ses propres préfets n'y peuvent rester, que les Arabes se révoltent et que la Commune s'organise à Alger.

Le tout en face de l'ennemi, qui nous inflige défaites sur défaites ; nous nous chargeons d'y ajouter le ridicule.

Au bout de cinq mois de « cette politique de fous, de furieux, qui menaient la France à l'abîme » (M. Thiers), Paris dut capituler et la France se rendre à discrétion. Les exigences de la Prusse furent plus que doublées : il lui fallait toute l'Alsace, la plus grande partie de la Lorraine, avec Metz, et cinq milliards.

Et cependant le dictateur de Bordeaux avait si bien pris goût aux malheurs de la France, que même après la signature de l'armistice, il parlait encore de guerre à outrance, de résistance jusqu'à complet-épuisement, faisait saisir les journaux qui inséraient les décrets du gouvernement et destituait treize magistrats inamovibles.

Mais la France enfin consultée demanda et obtint la paix.

Le terme de nos calamités n'était pas encore arrivé : il fallut subir un dernier essai de République, la République fédérative.

Grâce au citoyen Jules Favre, la garde nationale conservant ses armes et sa solde, le travail ne reprit pas et l'anarchie continua. M. Thiers, aussi maladroit au 18 mars 1871 qu'il l'avait été au 24 février 1848, commit les dernières fautes : la Commune fut faite.

Depuis nos révolutions, M. Thiers est le seul chef du pouvoir, assez maladroit pour avoir été deux fois chassé par l'insurrection, et assez intrigant pour se tenir encore prêt à une troisième chute, si on voulait bien lui en donner l'occasion.

La Commune, autre bande d'incapables, de déclassés et d'inassouvis. Les frères et amis du 4 septembre les avaient déchaînés et pourvus d'emplois. Les prisons avaient été ouvertes à Eudes et à Mégy, condamnés à mort pour assassinat, à Rochefort, à Lullier, à Tavernier, etc. Pipe-en-bois, confident de Gambetta, devint directeur des jardins de la Commune.

Raoul Rigault, commissaire de police au 4 septembre, remplaça le préfet. La Commune comptait parmi ses membres : Flourens, ex-major général de la garde nationale; le cordonnier Gaillard, grand barricadier; Delescluze, qui avait passé dix ans de sa vie au bagne ou en prison; Assy, déserteur et organisateur de grèves; Philippe, qui n'avait obtenu que cinq ans de bagne; Ferré, Pyat, Vermesch; le prussien Frankel, et ces po-

lonais de tous pays : Dombrowski, Crapulenski, Chàra-
lembo, Capellaro, Bobiki, etc.

Le prétexte même manquait à l'insurrection : le gouvernement avait promis tout ce qu'on demandait.

La Commune commença par l'assassinat des généraux Lecomte et Clément Thomas, continua par le pillage et d'ignobles saturnales, se termina par l'assassinat des otages au milieu de Paris en flammes. Les faits
sont encore présents à toutes les mémoires et leur souvenir est maudit par tous les cœurs honnêtes. Les républicains modérés les blâment comme des excès re-
grettables, dont ils repoussent avec indignation toute
responsabilité. Pour n'avoir pas fusillé eux-mêmes les
otages et n'avoir pas mis de leurs propres mains le feu
aux quatre coins de Paris, ils n'en sont cependant pas
moins complices volontaires ou inconscients, par leurs
excitations, leurs connivences, leur incapacité.

L'étranger, qui regarde nos républiques comme des
expériences curieuses sur un condamné à mort, n'a pu
retenir un cri d'horreur.

« Un peuple qui se vautre de la sorte, comme abruti par
l'ivresse, qui se déchire lui-même avec une pareille rage
en hurlant des cris de triomphe, qui danse une ronde infer-
nale devant le tombeau qu'il se creuse à lui-même, qui
tue, torture, brûle, vocifère comme une bande de fous furieux ; un peuple pareil nous rappelle les plus horribles
visions de Dante. Les actes de la Commune sont à honnir
éternellement ; elle n'avait ni patriotisme, ni aucun principe d'humanité ; avoir massacré les otages, quand leur
mort ne pouvait en aucune façon profiter à la cause de la
Commune, avoir incendié les édifices qui étaient la gloire
de la cité, c'est une infamie sans nom. »

Celui qui parle ainsi est Mazzini, le grand chef de la
révolution et des sociétés secrètes en Italie.

Avec la Commune semble être tombée pour jamais la

République des républicains. Le pays ne veut plus de ces funestes essais : il a envoyé à la Chambre une majorité de députés monarchiques. M. Thiers, n'a gouverné que soutenu par eux; il a été éloigné par eux du pouvoir, pour s'être avoué républicain.

Les destinées de la France ont été alors confiées à un glorieux soldat, le maréchal de Mac-Mahon, duc de Magenta. Son ministère est plus rempli de ducs et de généraux qu'un ministère royal; tout ce qui rappelle la République s'efface peu à peu; on ose à peine prononcer encore son nom. Il est permis d'espérer que le vœu de la France sera enfin écouté, et que le dernier essai à faire, la République sans républicains, sera bientôt considéré comme inutile, inconséquent et dangereux.

Depuis un siècle la République a donc été le plus souvent essayé de tous les régimes de gouvernement. Elle a été essayée sous toutes ses formes, avec les hommes les plus différents et dans les circonstances les plus diverses. Son histoire est l'histoire de nos folies, de nos hontes et de nos malheurs. Toujours attaquée par les républicains, elle n'a jamais duré sous la même forme que de quelques heures, de quelques mois à trois ou quatre ans au plus.

Nous avons eu deux fois la République avec un gouvernement provisoire de quelques membres non élus, s'installant eux-mêmes, sans Chambre, sans contrôle du pays, du 24 février au 4 mai 1848 et du 4 septembre au 12 février 1871; nous avons eu deux fois la République avec une seule Chambre nommant le pouvoir exécutif, du 21 septembre 1792 au 26 octobre 1795, la Convention, et du 4 mai au 10 décembre 1848; nous avons eu la République avec une seule Chambre et le chef du pouvoir exécutif nommé par le suffrage universel, du

10 décembre 1848 au 2 décembre 1851; nous avons eu la République avec deux Chambres, nommant le pouvoir exécutif, le Directoire et le Consulat; avec deux Chambres et le président de la république nommé par le suffrage universel, du 2 décembre 1851 au 2 décembre 1852; enfin, nous avons eu la République fédérative, la Commune. Dans cette énumération ne sont pas comprises les républiques de quelques heures.

Que reste-t-il à essayer ?

Nous avons eu la République avec les républicains violents, nous l'avons eue avec les républicains modérés, nous l'avons eue sans républicains. Nous l'avons eue dans des circonstances difficiles, avec la guerre civile et étrangère, la disette, etc. (la Convention et le 4 septembre), elle n'a fait qu'aggraver, étendre et prolonger le danger; nous l'avons eue dans les temps de lassitude (le Directoire), elle a été impuissante à rétablir l'ordre; nous l'avons eue dans des temps de calme et de prospérité publique (1848, elle nous a apporté l'anarchie, l'endettement et s'est effondrée dans le mépris.

Que reste-t-il à essayer ?

La République n'a tenu aucune de ses pompeuses promesses de liberté, d'égalité, de fraternité, de bonheur universel. Elle a toujours été le contraire de tout cela.

En théorie la République est une utopie, en fait une colossale mystification.

Aussi pouvons-nous conclure avec M. Thiers : « La république a été essayée d'une manière concluante... La France en a horreur; quand on lui parle république elle recule épouvantée, elle sait que ce gouvernement tourne au sang ou à l'imbécillité. »

L'Administration, les Armées, les Finances et les Alliances de la République

—

I. — ADMINISTRATION.

Un républicain, si accompli qu'on le suppose, ne peut devenir du jour au lendemain parfait maçon, parfait cordonnier, parfait charpentier; mais du jour au lendemain il peut se métamorphoser en administrateur. Sans études ni spéciales, ni même élémentaires, sans préparation d'aucune sorte, il est toujours prêt à remplacer au pied levé, maires, préfets, ministres, vieillis dans la pratique des affaires ; toutes-les capacités lui sont infuses avec la foi républicaine. Il est, comme on l'a si bien dit de M. Thiers, *infaillible en tout ce qu'il ne connaît pas.* Ce miracle s'est reproduit tant de fois qu'il doit avoir une cause naturelle. Il est en effet une simple conséquence de l'égalité républicaine : où serait l'égalité, si le premier venu — et particulièrement le premier venu — n'était pas aussi apte à faire des lois, lancer des décrets, que les plus sages et les plus habiles de la cité ?

Mais il faut reconnaître aussi qu'en République, l'administration est le moindre souci des fonctionnaires : *officiellement* ils ne sont chargés que de *révolutionner* le pays et de *refonder* la république. Pour cela tous les moyens sont bons ; les plus violents, les plus arbitraires sont généralement préférés. Si la nouvelle république ne se fonde pas et s'écroule comme les précédentes, on a du moins révolutionné le pays, joué le tyran, fait bombance aux frais de ses concitoyens et ordinairement rempli ses poches.

Tels ont été les fonctionnaires et commissaires de la Convention, dont le seul mandat était, au moyen de la guillotine, d'exalter le patriotisme et de battre monnaie ; tels ceux de 1848, tels les préfets du 4 septembre, et tels les délégués de la Commune.

Nous connaissons déjà l'œuvre et les ouvriers : quelques notes complémentaires suffiront.

Saint-Just appréciait ainsi l'administration de la première république :

« On achète les places, et ce n'est pas l'homme de bien qui les achète. Les intrigants s'y perpétuent : on chasse un fripon d'une administration, il entre dans une autre...

« Le gouvernement est une hiérarchie d'erreurs et d'attentats...

« Vous avez porté des lois contre les accapareurs : ceux qui devraient faire respecter les lois accaparent...

« Il s'est introduit de grands vices dans la discipline de nos armées ; on a vu des bataillons de l'armée du Rhin demander l'aumône dans les marchés.

« L'administration des armées est pleine de brigands ; on vole les rations des chevaux : les bataillons manquent de canons ou de chevaux pour les traîner ; on n'y reconnaît point de subordination, parce que tout le monde vole et se méprise...

« Tous ceux qu'emploie le gouvernement sont paresseux...

« Le ministère est un monde papier... Il ne se fait rien et la dépense est pourtant énorme. »

On pourrait en dire à peu près autant de la république de 1848. Elle s'efforça d'imiter la Convention et envoya de même des commissaires en province *pour démocratiser* les départements. C'étaient des avocats sans causes, des marchands faillis, d'anciens forçats payés pour cette besogne 40 fr. par jour, et munis de pouvoirs illimités. Ils fomentèrent en quelque mois des troubles un peu partout, à Lille, à Périgueux, à Bordeaux, à Amiens, etc.

Le citoyen Gambetta et son fidèle Pipe-en-Bois mirent à leur tour en lumière bien des incapacités méconnues. Voulez-vous entendre les fonctionnaires du 4 septembre se rendre justice les uns aux autres ?

Gent déclare que la préfecture de Marseille, détenue par Esquiros, est une véritable écurie d'Augias. Maze, préfet des Landes, dénonce Kératry comme complètement fou. Le Goff, ami de Spuller, le traite d'administrateur inepte et prétend qu'il a fait à Chaumont des choses inimaginables. A Besançon, Ordinaire se plaint de Grévy, et Grévy d'Ordinaire. Marcou est suspect au préfet de Carcassonne. Challemel-Lacour, le fusillard de mobiles, dénonce le comité de défense de Lyon, dénonce le pharmacien Bordone, improvisé général, dont la conduite est l'objet des plaintes de tous. « Les républicains de Lyon, ajoute-t-il, manifestent tous les jours l'intention de m'égorger »

Encore n'accusent-ils que les peccadilles. Ils laissent dans l'ombre les pactes avec l'émeute, les arrestations et les réquisitions arbitraires, le gaspillage des fonds publics, l'envahissement des écoles à Caluire, à Arles, etc.

La Commune n'a fait que suivre les errements du 4 septembre.

Triste carnaval républicain, où les plus indignes et les plus incapables se disputent les proconsulats et les traitements, tandis que la France perd ses milliards et agonise.

Il semblerait qu'en République l'administration dût

être décentralisée par communes, cantons et départements. La République fédérative est le système qui fonctionne actuellement en Suisse et aux Etats-Unis; il est le seul admissible, sans inconséquence, dans tout Etat qui comprend plus d'une seule grande ville et de son territoire. Si la plénitude de la souveraineté n'est pas aux mains des habitants de la Commune, la République n'est plus qu'un vain mot : elle n'est pas le gouvernement du peuple par le peuple.

En effet un citoyen qui n'a d'autre droit de souveraineté que la permission de donner sa voix, perdue parmi celles de 35,000 de ses concitoyens, à un député, sans mandat impératif, non révocable, et perdu à son tour au milieu de 750 autres, ne peut pas sérieusement se croire souverain et s'imaginer qu'il s'administre lui-même. S'il se sent heureux de vivre en République plutôt qu'en Monarchie, c'est une question de sentiment, mais il ne peut s'en apercevoir à sa part de gestion dans les affaires publiques. La centralisation est la même et l'administration continue à fonctionner, en dépit de tous. Les républicains modérés n'ont rien de plus logique, de plus libéral, à nous offrir; mais je l'ai déjà dit, la République modérée est condamnée à n'avoir rien de la République, si elle veut rester modérée.

Les radicaux au contraire admettent les conséquences de leurs principes et réclament la République fédérative. Mais en réalité le peuple n'exerce pas plus sa souveraineté avec les uns qu'avec les autres. Comme si la France entière n'était que le territoire de Paris, c'est Paris qui organise le gouvernement; Paris, qui envoie des commissaires ou des délégués imposer ses moindres caprices à la province; Paris, qui se croise les bras, se fait payer et nourrir par la France, sous prétexte de sections, d'ateliers nationaux ou de garde nationale. La centralisation, malgré le principe, n'est pas moindre, et la presque totalité des citoyens n'a aucune part ni au gouvernement, ni à l'administration communale. Cette usurpation de la souveraineté du peuple par Paris a été crûment avouée bien souvent : « Paris se regarde comme le mandataire de toute la population du territoire national, et, s'il ne peut pas persuader, il aura la douleur de vaincre. » (Ledru-Rollin.)

A Paris même, si l'on en juge par les faits, l'autorité n'est pas nécessairement conférée par le suffrage des citoyens, mais par quelques séditieux toujours en minorité, par la garde nationale, et surtout par les clubs. Les clubs dominent Paris, comme Paris la province, ils s'octroient tous les pouvoirs administratifs, législatifs et judiciaires, et ne laissent de choix au citoyen qu'entre l'obéissance... ou la mort.

La Commune nous a montré ce que peut être en France la République fédérative.

Donc, avec les modérés comme avec les radicaux, la République n'est pas le gouvernement du peuple par le peuple.

II. — ARMÉES.

La gloire des armes — succès mêlés de bien des revers — consola un peu l'orgueil français des humiliations, des ridicules et des atrocités de la première république

Les républicains n'ont pas manqué de s'attribuer tout le mérite de nos victoires. Suivant eux, à la proclamation de la république, la France se serait levée avec enthousiasme pour écraser les tyrans; les 1,400,000 .volontaires et les 14 armées de 92 auraient accompli des prodiges d'héroïsme; le souffle de la révolution aurait fait germer des généraux, et le régicide Carnot aurait organisé la victoire.

De tout cela, rien n'est vrai Si la république ne fut pas écrasée dès la première campagne, c'est grâce aux vieux régiments de l'armée royale ; des volontaires peu nombreux, mais ivrognes, pillards et déserteurs, on ne put rien faire ; la levée en masse ne donna, en 93, que neuf armées et 650,000 hommes ; en juillet 94, huit armées et 718,000 hommes, augmentés en septembre jusqu'au maximum de 750,000 hommes — la moitié des 1,400,000 hommes de la légende ; — les premiers généraux étaient *tous* généraux de l'armée royale ; leurs successeurs officiers ou sous-officiers de l'armée royale ; enfin la nouvelle tactique fut si peu inventée par Carnot, qu'elle était expérimentée dès 1778, avant la république et Carnot.

Au commencement de 1792, il manquait à l'effectif 51,000 mille hommes ; on fit un appel aux volontaires : en juin, il ne s'en était présenté que 24,000. Le *sublime élan de la nation* dut être complété par une levée en masse de 300,000 hommes. Ce n'était plus des volontaires, quoiqu'on leur en conservât le nom. Ces nouvelles recrues n'avaient, au dire des généraux, « ni tenue, ni instruction, ni subordination, ni discipline, » ni aucun respect pour leurs officiers, qui « en général étaient trop souvent avec leurs hommes au cabaret. » Ces officiers étaient si nombreux et si incapables, qu'en 1796, après plusieurs licenciements, on en réforma d'un seul coup 23,000. Les plaintes étaient unanimes. Luckner écrivait à Dumouriez : « Je ne puis vous dire si vous recevrez ou non du renfort, car ces troupes-là un jour sont disposées à marcher en avant, et le lendemain ne le veulent plus. » Aussi, toutes les fois que l'ennemi les rencontrait, c'était un sauve-qui-peut général au premier coup de fusil. Après la défaite de Nerwinde, l'armée se trouva complétement désorganisée : la plupart des volontaires avaient déserté.

Les vieux régiments de l'armée royale, les vainqueurs de Valmy et de Jemmapes, enfermés dans les forteresses des frontières, tinrent tête à l'ennemi et l'arrêtèrent par une guerre de siéges. Pendant cette lutte d'une poignée de braves contre l'Europe coalisée, les républicains, sur qui retombait la lourde responsabilité de la guerre et des défaites, mettaient en relief leur sottise et leur ingratitude en proclamant à la Convention que « l'armée n'étant qu'un instrument de tyrannie doit être supprimée en République. »

En août 1793, tous les Français de 18 à 60 ans sont mis en réquisition permanente et on continue à les appeler *volontaires*.

On se décide enfin à incorporer ces bandes indisciplinées dans les anciens régiments : 213 demi-brigades sont ainsi formées. Une discipline sévère est établie ; les fuyards solidement encadrés, endurcis aux fatigues et aux privations s'aguerrissent : au bout de deux ans la France a des armées pleines d'ardeur et de dévouement, promptement habituées à la victoire.

Carnot, *l'organisateur de la victoire*, était capitaine du génie dans l'armée royale et chevalier de Saint-Louis. Il fit beaucoup, mais c'est à tort qu'on lui attribue l'idée de la nouvelle tactique inaugurée dans les guerres de la république. Les manœuvres par lignes, sans tirailleurs ni réserves, empruntées à la Prusse et usitées alors dans toutes les armées d'Europe, furent remplacées par des manœuvres mieux adaptées au caractère français et qui déconcertaient l'ennemi. On lançait des nuées de tirailleurs, soutenus par des réserves, puis on chargeait à la baïonnette, au pas de course, par colonne de bataillon.

Cette tactique longtemps expérimentée et modifiée, au camp de Vaussieux (1778) par ordre du maréchal de Broglie, était déjà adoptée par la plupart des généraux.

Ces premiers généraux de la République, Dumouriez, La Fayette, Luckner, Rochambeau, Kellermann, Custine, La Bourdonnaie, Beurnonville, etc., étaient tous généraux de l'ancienne armée. Etaient officiers avant 1792 : Carnot, Bonaparte, Eblé, Grouchy, Marmont, Beauharnais, Saint-Hilaire, Berthier, Bernadotte, Desaix, Dampierre, Serrurier, etc. ; sous-officiers : Hoche, Murat, Ney, Soult, etc.

De quel droit fait-on à la République une auréole de la gloire de ces hommes, formés par la Monarchie, plus tard serviteurs dévoués de l'Empire et enfin ralliés à la Restauration ? C'étaient les soldats de la France ; ils déchirèrent plus d'une fois les décrets de la Convention et refusèrent d'obéir à ses commissaires. Tout ce qui n'avait pas voulu émigrer ou mourir sur l'échafaud, s'était réfugié à l'armée, comme au dernier sanctuaire du patriotisme et de l'honneur.

Le Directoire, aussi besoigneux d'hommes que la Convention, établit définitivement la conscription : progrès douteux, nécessité par la guerre perpétuelle et contre toute l'Europe. C'était supprimer le premier degré de la civilisation, où chacun se spécialise dans une profession, et revenir bien des siècles en arrière jusqu'aux temps barbares, où tout homme était forcément un guerrier. Sous l'ancien régime, le service militaire obligatoire était privilége de la noblesse, et l'armée se recrutait de volontaires. Le peuple n'eut pas à se louer de cette nouvelle égalité.

La république de 1848 eut pour généraux Cavaignac, Bedeau, Lamoricière, Oudinot, Changarnier, etc., qui tenaient leur instruction et leurs grades d'un autre régime : ils se firent honneur de battre les républicains à Paris et de les battre à Rome. Elle eut pour soldats la garde nationale, qui tenait tantôt pour, tantôt contre l'insurrection, et une garde prétorienne de 24 bataillons, dont les hommes touchaient 1 fr. 50 de solde par jour : aucun souverain n'eut jamais un tel luxe.

La république du 4 septembre prit le titre bien mal justifié de gouvernement de la Défense nationale. Contrairement à l'avis de tous les hommes compétents, elle décréta la guerre à outrance : son existence était à ce prix. Avant tout, il fallait rester au pouvoir et fonder la République.

Dans Paris assiégé le gouvernement arma, exerça la garde nationale et lui permit l'élection de ses chefs. Elle était prête dès le lendemain à toutes les séditions ; elle ne fut prête à marcher à l'ennemi qu'au bout de cinq mois, quand la lutte était devenue impossible et inutile. Encore fallut-il choisir les bataillons commandés pour la sortie. Dans cette dernière bataille de Buzenval, le seul fait d'armes de la garde nationale, on perdit 2,700 hommes, dont 224 gardes nationaux seulement. Les batailles de Villiers et de Champigny avaient coûté 8,000 hommes à l'armée et à la mobile. 50,000 hommes, femmes ou enfants, étaient morts des souffrances du siége.

En province, le vieux juif Crémieux s'était fait mi-

nistre de la guerre, à la risée et à l'indigntion géné-
rales. Il fut bientôt remplacé par l'avocat Gambetta.
Celui-ci nomma et cassa les généraux, dirigea les opérations du fond de son cabinet, commanda toutes les
défaites, arma des gardes nationales qui ne bougèrent pas,
et des corps francs où l'on comptait un officier par quatre
hommes : tirailleurs, francs-tireurs, vengeurs, etc.,
ramassis d'aventuriers de tous pays et vieux clients de
la gendarmerie, bons républicains sans doute, mais qui
ne virent dans la guerre qu'une occasion de pillage à
main armée. En revanche, il refusa des armes à 50,000
mobiles bretons qu'il ne trouvait pas assez républicains. De sa propre autorité, il changea complétement
les plans d'opérations débattus et arrêtés avec le gouvernement ; et le gouvernement dut se soumettre au
dictateur.

Nos pauvres soldats furent munis de fusils de fer
blanc, de souliers en carton, en feutre, en détritus
d'écorces d'arbres, de pantalons et de vareuses tom-
bant en lambeaux à la première pluie. Les fournisseurs
étaient si intègres et si habilement choisis ! A Marseille,
un menuisier obtint une fourniture de képis ; un cha-
pelier, une fourniture de ferblanterie. A Lyon, les fusils
achetés par un menuisier furent réparés par un ocu-
liste. A Bordeaux, une commande de selles, ceinturons,
etc., fut donnée à un chanteur de l'Opéra-Comique,
devenu bijoutier. A Lille, les canons furent fournis par
un négociant en huiles et un négociant en chiffons ; les
souliers par un marchand de châles, un entrepreneur
de prisons et un marchand de pianos. Ces chaussures
duraient en moyenne un jour, parfois une demi-jour-
née. Le lendemain de la bataille de Bapeaume, la 3me
légion des mobilisés du Nord, qui avait perdu 11

hommes tués par l'ennemi, en perdit 2,500, qui ne purent suivre la retraite.

Tandis que la République ne trouvait rien de mieux à opposer au roi des rois d'Allemagne que l'avocat Gambetta, et à M. de Bismarck que Pipe-en-Bois ; tandis que le citoyen Férouillat et le général polonais Miero-lawski, pour lutter contre les canons Krupp, inventaient le char Hussite, le pare-à-boulets, le sac bouclier, où les pelles servaient de casques et les fourneaux-cuisine de cuirasses ; tandis qu'une armée régulière, bien disciplinée, confiante en ses chefs et en la victoire, avait conquis la moitié de la France, une nuée de bandits attirés de tous pays par l'odeur du sang et l'appât de la rapine, s'abattait sur l'autre moitié, comme des oiseaux de proie sur un cadavre. Et pour parfaire cette lugubre bouffonnerie, on donnait pour adversaire au génie militaire de M. de Molkte... Garibaldi et le pharmacien Bordone.

Garibaldi, ancien déserteur de la marine sarde, battu à Rome par les Français, à Aspromonte par les Piémontais, à Mentana par les soldats du Pape, avait mis son talent d'enfonceur de portes ouvertes au service de la République. « Notre but, écrivait-il au 7 septembre 1870, ne sera certainement pas de combattre les frères d'Allemagne... mais nous irons soutenir le seul système qui puisse assurer la paix et la prospérité des nations. » Vive la Prusse et vive la République ! Les royalistes Charrette et Cathelineau, les officiers et les généraux de l'armée impériale, oubliant la République, se dévouaient à la France ; les républicains ne connaissaient de la France que la République. C'était l'opinion de tous au camp garibaldien. Le citoyen Ordinaire exprimait ainsi la même pensée : « Oui, nous le disons hautement, nous sommes les soldats de la révolution, et, j'ajouterai, non-seulement de la révolution française, mais de la révolution cosmopolite. — Italiens, Espagnols, Polonais, Hongrois, en venant se ranger sous la bannière de la France, ont compris qu'ils défendaient la République universelle... *La patrie disparaît devant la République !* Il nous faut aujoud'hui des Danton, des Robespierre, etc. » Le même Ordinaire traitait couramment les Français de *lâches* et les Garibaldiens de *héros.* Un tel patriotisme lui fut plus tard un titre à la députation auprès des radicaux. Quant au pharmacien Bordone, improvisé général, il avait été plusieurs fois condamné pour escroquerie et privé de ses droits de citoyen.

Cette armée de Garibaldi, où le beau sexe obtenait des grades et même des grades d'officiers supérieurs, avait pris pour devise : « *Mangiamo bene, beviamo bene, la Francia paga bene e tutto va bene.* » Dans ses longs loisirs d'Autun, elle avait fini par se croire en pays conquis : elle réquisitionnait, emprisonnait, festoyait, pillait les couvents, les églises et jusqu'à l'évêché.

Les 21, 22 et 23 janvier, 6 à 7,000 Prussiens vinrent amuser les 23,000 hommes de Garibaldi par une victoire facile. « Pendant ce temps, Manteuffel franchissait en toute sécurité les défilés du Morvan, que Garibaldi ne gardait pas, et où la marche des Allemands aurait pu être si facilement arrêtée. » (Etat-Major Allemand).

Malgré toutes les injures qu'il peut cracher sur la France, ses généraux et ses soldats, le polichinelle de la révolution italienne est jugé. La commission d'enquête a déclaré que s'il avait été général français on aurait dû le traduire devant un conseil de guerre.

Le total de nos morts dans cette malheureuse guerre est de 138,871 Français, contre 74,750 Allemands. Le chiffre des blessés monte à 482,487, ainsi décomposé : blessés par le feu de l'ennemi, 143,066; malades et congelés, 328,000; plaies de marche, 11,421.

Les républicains modérés n'ont sur l'armée aucune idée qui leur soit propre ; ils se contentent des institutions monarchiques. Les radicaux, toujours plus logiques, demandent sa suppression, et son remplacement par la garde nationale.

L'armée est restée impénétrable aux influences démoralisatrices des *immortels principes*. La liberté, l'égalité et la fraternité, le suffrage universel, etc. y sont inconnus ; les chefs n'y sont pas délégués de la foule avec un mandat impératif, ils tiennent leur pouvoir d'en haut et ce pouvoir n'est donné qu'au travail, à l'intelligence, à de longs services ; la hiérarchie et l'obéissance y sont absolues. L'armée est divisée en deux castes, qui ne sont pas ennemies comme dans notre société, et qui se dévouent ensemble et l'une pour l'autre jusqu'à la mort : les soldats, braves enfants du peuple, sans instruction et sans expérience, et les officiers, dont on exige de longues études, une tenue imposant le respect, et qui sont pris presque exclusivement dans les classes aisées. Dans cette organisation toute féodale, qui s'est conservée presque intacte à travers nos révolutions, chacun est à sa place et ne s'en trouve pas humilié : pour le simple soldat, comme pour le général, l'honneur et le dévouement sont la loi suprême. L'armée représente l'ordre, le devoir et la force.

En République tout cela est contre-sens. Pourquoi l'armée perpétuerait-elle les vieux préjugés de la réaction et ne serait-elle pas réformée sur le modèle de la société civile ? Tous étant égaux, tous doivent être soldats; tous peuvent être officiers; les officiers seront élus et cassés à volonté par leurs soldats; tout commandement sera toujours discutable, etc. C'est-à-dire, remplacement de l'armée par la garde nationale. En temps de paix, l'armée permanente est inutile et écrase le budget, la garde nationale ne coûte rien et ne dérange personne; en temps de guerre, l'armée est insuffisante, la garde nationale est l'effort du pays tout entier. On n'a plus d'officiers, il est vrai, puisqu'il n'y a plus ni expérience, ni instruction spéciale ; on n'a plus de soldats, il n'y a que des recrues qui ne sont pas tenues à l'obéissance. Qu'importe ! tous les vrais républicains ont répété après la Convention que l'armée n'étant qu'un instrument de tyrannie devait être supprimée en République.

Ce principe, méconnu par les modérés qui ont peur des conséquences forcées de leurs principes, a été appliqué par la Commune, on sait avec quels résultats.

III. — FINANCES.

Les Finances n'ont jamais été le côté brillant de la République. Parmi les aventuriers qui forment son personnel ordinaire, aucun ne s'est révélé financier. Elle fut la ruine pour les particuliers, comme pour l'Etat.

Nous avons déjà vu dans quelle misère profonde est tombée la France sous les différentes républiques. La guerre, l'incapacité et la rapacité des parvenus, l'anarchie et l'incertitude du lendemain, ont tari dès le premier jour les ressources du pays. La bourgeoisie a souffert chaque fois dans sa fortune, dans son commerce, dans son industrie, sans rien gagner en retour; chaque fois, le travail cessant, l'ouvrier s'est retourné vers l'Etat et lui a demandé la nourriture, le vêtement, une paie journalière, comme si l'Etat pouvait donner et ne rien recevoir. Pour fournir à ces dépenses extraordinaires et combler les vides du Trésor, la France fut saignée, rançonnée, pressurée; l'Etat s'endetta toujours davantage et la pauvreté générale devint épuisement et détresse.

Ces recettes extraordinaires furent des impôts écrasants, le vol en grand, l'émission de valeurs illusoires et enfin la banqueroute.

Dès 1789 on avait déclaré biens nationaux les biens du clergé et on les avait vendus à vil prix. On y ajouta ceux des émigrés et des condamnés à mort. Cela ne suffit pas. La Convention imagina l'emprunt forcé : « un dixième pour mille livres de revenu; au-dessus de mille livres, la moitié; au-delà de neuf mille livres la taxe sera, outre les quatre mille cent livres dues pour ces neuf mille livres, la totalité de l'excédant. » Puis, comme l'argent devenait de plus en plus rare, on multiplia le papier-monnaie, les assignats. Enfin on vota la loi du maximum, qui obligeait à mettre tous objets en vente, tarifés à un prix au-dessous de leur valeur réelle, et payables en assignats : le commerce à Paris et en province fut ruiné.

La Convention créa le Grand-Livre de la dette publique. Veut-on savoir quelles étaient les théories financières de l'inventeur du Grand-Livre, Cambon? Dupin avait dit, à propos des fermiers généraux condamnés à mort pour avoir *mis de l'eau dans le tabac* : « La guillotine est meilleure financière que Cambon. » Cambon, piqué, tint à montrer qu'il était à la hauteur des idées de l'époque: « Voulez-vous faire face à vos affaires? s'écria-t-il, guillotinez. Voulez-vous payer les

dépenses immenses de vos quatorze armées? guillotinez. Voulez-vous payer les estropiés, les mutilés, tous
ceux qui sont en droit de vous demander? guillotinez.
Voulez-vous amortir les dettes incalculables que vous
avez? guillotinez, et puis guillotinez. » Et Cambon fut
un des plus honnêtes, quoiqu'il ait été traité de *fripon*
par Robespierre.

La Convention avait eu beau battre monnaie avec la
guillotine, avec l'emprunt forcé d'un milliard, avec la
vente de plus de trois milliards de biens nationaux,
avec la création de 44 milliards d'assignats, elle n'en
laissa pas moins des caisses vides au Directoire.

Les assignats étaient tombés au 150e de leur valeur
nominale; bientôt ils ne couvrirent même plus les frais
d'émission : on brisa les planches. Le Directoire, aux
abois, créa pour plus de deux milliards de mandats
territoriaux, qui n'eurent aucun crédit et tombèrent
comme les assignats. Un emprunt forcé de 600 millions
n'en rapporta que la moitié. Cependant les intérêts de
la dette publique s'élevaient à 250 millions. Après
l'essai de divers expédients ruineux, dont les agioteurs
profitèrent, — on cite des usuriers qui, n'ayant prêté
que 300,000 fr. à l'Etat, se firent inscrire sur le Grand-
Livre pour une créance de 12 millions, — le Directoire
finit par faire banqueroute de plus de 30 milliards.

Pour résumer :

Vente des biens nationaux. . . .	3,325,000,000
Emprunts forcés	2,000,000,000
Emission d'assignats.	45,500,000,000
Emission de mandats.	2,407,000,000

La première république fit donc, sur ces quatre cha-
pitres seulement, plus de 53 milliards de recettes aussi

extraordinaires qu'il légales et liquida par une banqueroute de plus de 30 milliards.

Les finances de la République, c'est la danse des milliards.

La seconde république eût marché sur les traces de
la première si on l'eût laissée faire. Elle engagea les
forêts de l'Etat, confisqua les chemins de fer, établit
sur les quatre contributions directes un impôt de 45
centimes, qui devaient produire 192 millions. Il fallait
bien payer les ateliers nationaux et la garde mobile.
Dès l'entrée en fonctions du gouvernement provisoire
le déficit quotidien fut de 2,500,000 fr. Ce qui n'empê-
cha pas Garnier-Pagès de proclamer que « la République avait sauvé la France de la banqueroute. » Garnier-Pagès, l'illustre financier de la seconde république, avait des théories ingénieuses : il divisait les
créanciers de l'Etat en deux catégories, ceux qui ont
besoin de leur argent, et ceux qui n'en ont que faire;
aux premiers il remboursait 25 0/0, et aux autres...
rien.

On sait quels déficits inexpliqués nos gouvernants
d'alors laissèrent dans les caisses et combien généreux
ils se montrèrent de notre argent pour leur usage privé.

Même gâchis dans les comptes de la troisième république : dilapidations, gaspillage entre frères et amis,
marchés véreux, déficits inexpliqués, endettement, rien
n'y manque.

On ne peut s'imaginer à quel pillage des deniers
publics se livrèrent tous les petits proconsuls du 4
septembre. Tous ces obscurs camarades de brasserie
devenus tout à coup, de par la république, maîtres de
la fortune de la France, furent éblouis, enfiévrés à la
vue de tant d'or. Ils se roulèrent sur cet or, ils le je-

tèrent à poignées par les fenêtres pour mieux sentir qu'ils en pouvaient disposer sans contrôle. Les uns le prodiguèrent à leurs fantaisies personnelles, oubliant jusqu'au prétexte de la défense nationale; les autres, pris d'une frénésie d'armement et jouets des plus vils escrocs, achetèrent à des prix fabuleux, malgré les défenses réitérées du gouvernement, sans adjudication, sans vérification, en payant d'avance, tout ce que l'intendance militaire refusait comme inutilisable et de nulle valeur.

Parmi les premiers il suffira de citer le citoyen Esquiros, préfet de Marseille. Il ne s'occupa de la défense nationale que pour s'emparer de 50,000 fusils destinés à la troupe et en armer ses gardes nationaux. En revanche la caisse de la préfecture eut à payer : Château-Laffite et Château-Margaux, à 8 fr. la bouteille, 50 caisses de bordeaux vieux, sirops, bombes glacées, cigares extra à 25 et 50 c., *étoffes pour robes*, secours aux républicains proscrits, deux valets de chambre à 4 et 5 fr. par jour, *femme de chambre* à 100 fr. par mois, indemnité mensuelle de 500 fr. à chacun des membres du conseil départemental, *tant qu'ils n'ont pas été nommés à des fonctions administratives*; frais d'enterrement civil du fils de M. Esquiros, paires de bottes, courses de voitures pour la poursuite d'*espions, de jésuites suspects*, courses de voitures pour M. Naquet, pour Mme Delpech, etc. On ne put se débarrasser de lui qu'en lui donnant 4,000 fr. d'indemnité.

Parmi les seconds, citons le sieur Gent, autre préfet de Marseille, qui commande 70 batteries à 100,000 fr. tandis que la commission d'armement ne les paie que 65,000 fr.; cinq seulement furent livrées avant le 1er février. En même temps il réquisitionne les chemins de fer pour toutes sortes de frères et amis : 40,000 fr. Ses dépenses non autorisées s'élèvent à plus de deux millions. Le sieur Duportal, préfet de Toulouse, dépense pour l'armement et l'équipement de trois légions de mobilisés, dont la première ne fut prête que le 13 février, la somme de 3,131,629 fr. A Bordeaux, le sieur Gibert, adjoint au maire, dépense six millions : il paie, entre autres, une batterie hors d'usage, estimée 25,000 fr. la somme de 109,474 fr. Le citoyen Naquet, secrétaire de la commission d'études des moyens de défense, achète en Amérique 75,000 fr. des batteries qu'on lui offrait à 35,000 fr. et que la commission d'armement payait ce prix; au 13 février, elles n'étaient pas embarquées, et cependant les vendeurs reçurent 340,000 fr. en sus du prix convenu. A Lille, le Comité de défense présidé par un sieur Bianchi, professeur de natation, se livre à la même débauche d'achats. Les membres du Comité s'adjugent les fournitures à eux-mêmes : un sieur Fontaine, belge, dut être condamné à 5 ans de prison et au remboursement de 474,000 fr.; un autre, Guffroy, à 3 ans de prison et 320,000 fr. D'autres fournisseurs furent condamnés à six mois de prison et 236,000 fr., à quatre ans de prison et 109,000 fr., etc. Le chiffre des amendes, restitutions, dommages-intérêts, dépasse un million. Les dépenses de Lyon s'élèvent à 20 millions. Le citoyen Férouillat mérite une mention : il dépense 1,635,033 fr. en mitrailleuses, canons, etc. qui ne peuvent servir. Le sieur Sparre ne doit pas être oublié non plus. Il touche 100,000 fr. d'avances pour fournir, à partir du 11 décembre, 50,000 cartouches par jour : première livraison de 5,000 seulement, le 21 février. Expulsé le 29 juin du couvent des Minimes où le citoyen Challemel-

Lacour l'avait installé, il se fait donner par la ville de Lyon 480,000 fr. de dommages-intérêts, puis 350,000 fr. par l'Etat, représentant les bénéfices de 65 0/0 qu'il comptait réaliser. Il est déclaré en faillite : M. Thiers s'empresse de le nommer chevalier de la Légion d'Honneur. Un sieur Malicki, condamné en Russie à six ans de prison pour vol, obtient 261,000 fr. pour lever un corps de vengeurs. On le presse tant d'aller à l'ennemi, qu'il se décide enfin à quitter Tarare, pour passer en Suisse, avec 45,000 fr. qui lui restaient. On dépense 312,000 fr. pour la garde nationale, qui reste tranquillement à Lyon; on dépense 3,242,000 fr. pour de prétendus travaux de fortification, véritables ateliers nationaux, où l'on paie même ceux qui « n'ont pu coopérer aux travaux de leurs camarades » Le conseil municipal, en récompense d'une si sage administration, s'accorde des jetons de présence de 5 fr.

Il faut dire, comme excuse de ces républicains de banqueroute, que le gouvernement donnait l'exemple. Le citoyen Gambetta ne parlait de rien moins que de faire sauter la Banque de France.

Un fait entre mille : l'affaire Ferrand. Le citoyen Gambetta ouvre un crédit de 31 millions à un sieur Ferraud, négociant en crin végétal, pour l'achat de bœufs. Ces bœufs coûtent de 3 à 4 mille francs l'un et périssent de maladie : ils ne profitent qu'au sieur Ferrand. Misérable avant la guerre, il peut alors acheter le château de Lesnevar, douze voitures, des chevaux, etc., sur ses économies; il reçoit princièrement ses amis et le plus cher de tous, l'ex-dictateur.

Malheureusement les gendarmes viennent en 1874 l'arracher aux bras du citoyen Gambetta; il est condamné à 3 ans de prison et 3,000 fr d'amende; il en appelle, on le condamne à 173,582 fr. de restitution. Ses complices en escroqueries sont condamnés en même temps : Lemoine à 72,282 fr.; Delaville, à 60,000 fr. et la veuve Lebarazer à 35,371 fr. de restitution.

En février 1871, le ministre des Finances vint dire à l'Assemblée : « Je suis en présence d'une dépense de 575 millions faite par la délégation de Tours et de Bordeaux, et les pièces fournies par cette portion du gouvernement de la Défense nationale ne donnent de justification que pour 175 millions, c'est-à-dire que *400 millions ont disparu sans qu'on puisse savoir comment.* »

Un demi-milliard, bagatelle !

Après les républicains du 4 septembre vint le tour de ceux de la Commune. Ceux-ci du moins eurent le courage de leurs opinions : ils volèrent l'Etat, ils volèrent les particuliers, à main armée, au grand jour; c'était les brigands succédant aux filous.

Les dépenses occasionnées par la guerre à outrance, le supplément d'indemnité demandé par la Prusse, les dommages causés par la Commune, ne peuvent pas être évalués à moins de dix milliards.

Pendant ce temps la France était ravagée, le commerce, importation et exportation, s'éloignait de nous, les ruines particulières s'ajoutaient à la ruine générale.

Et les républicains n'oublient jamais de dire dans leur boniment que la république est le plus économique des gouvernements. Ce n'est plus de la mauvaise foi, c'est de l'impudence.

Les républicains modérés n'ont pas plus de programme à eux pour les finances que pour le reste. Mais ils sont d'accord avec les radicaux sur un point, qui, sans viser directement les finances, les atteint cependant tout particulièrement : la rémunération de toutes les fonctions publiques.

Il ne suffit pas de déclarer que tout citoyen français est admissible à tous les emplois : les emplois non rétribués ne sont accessibles qu'aux rentiers ; or la République n'est pas faite pour les rentiers, elle est plutôt faite contre eux ; donc à tout emploi il faut joindre un traitement. Vous arrachez à son gagne-pain un républicain, un *pur*, dont les lumières et les talents sont indispensables à la république et dont les économies sont détenues par le cabaretier, avec quoi voulez-vous qu'il vive si vous le nommez conseiller général, maire, etc ?

Mettons tous ces républicains au plus bas prix ; 2,000 fr. pour les conseillers généraux, 1,000 fr. pour les conseillers d'arrondissement ; — ils sont à peu près 2,800 les uns et les autres ; — soit : 8,400,000 fr. Mettons 1,000 fr. pour les conseillers municipaux des villes et 500 fr. pour ceux des campagnes, — soit : 500 millions. Ajoutez-y les autres fonctionnaires, les délégués cantonaux, les membres des conseils et des jurys, etc.; ajoutez-y un supplément de traitement pour les maires et adjoints, et vous dépasserez vite le milliard.

Un milliard de liste civile pour la République, est-ce donc si bon marché, quand les autres gouvernements ne demandent que trente millions ?

Mais la République n'est pas le gouvernement du peuple par le peuple, si la garde nationale n'est pas toujours armée, et si les citoyens n'ont pas de sections où ils puissent délibérer en permanence sur les actes de la commune et du gouvernement. Ils ne travaillent pas pendant ce temps-là, donc il faut les payer.

Personne ne travaille plus, personne ne gagne plus, il n'y a plus par conséquent ni bénéfices journaliers, ni rentes, et l'Etat, qui ne peut plus rien exiger de contribuables sans le sou, doit payer, nourrir, vêtir et loger tout le monde... Avec quoi ? Mystère.

Il n'y a rien là d'inventé ni d'exagéré, c'est l'histoire de toutes nos républiques.

Et la République serait le meilleur marché des gouvernements !

Les radicaux poussent plus loin encore les conséquences de leurs principes. Au nom de l'égalité et de la fraternité, ils demandent l'abolition du capital, le partage, etc. C'est rationnel. Le dernier mot du progrès moderne serait-il donc le retour à l'état sauvage ? Dans cette terre promise du radicalisme, chacun ayant un lopin de terre, un coin de forêt, un bout de lande ou de marécage, ou un quartier de rocher, cultivera, chassera, pêchera, construira sa cahute, moudra son blé, extraira et forgera ses métaux, fera ses bottes et ses paletots, s'il éprouve le besoin d'en avoir ; il n'y aura plus ni prêtre, ni juge, ni médecin ; les veuves, les orphelins, les vieillards, les infirmes, les malades mourront de faim ou de désespoir, mais tous seront égaux dans la détresse et frères dans l'abrutissement.

IV. — ALLIANCES.

La République française n'a jamais eu d'alliés. Tandis que tous les Etats d'Europe, pour s'assurer les avantages de la paix, prévenir la guerre ou l'entreprendre quand elle est inévitable, avec plus de chances de succès, se sont unis par des traités, des alliances, des mariages entre familles régnantes, de vieilles relations amicales ou intéressées, la République, grâce à son instabilité, à son passé de crimes et d'extravagances, à ses projets de bouleversement de tout ordre social et au peu de dignité des hommes qu'elle porte au pouvoir, a toujours été écartée du grand concert européen, tenue en pitié, en mépris et en horreur. Elle a répondu à l'horreur par de grands mots, au mépris par l'insolence, à la pitié par la guerre. Mais la France a été déchue de sa prépondérance, elle n'a même plus eu voix au conseil des nations ; elle est devenue l'ennemi commun, toujours suspect, souvent dangereux, qu'il faut humilier et réduire à l'impuissance pour le salut public et la civilisation.

Les républiques du moins devraient être ses alliés naturels : elles semblent ne pas se douter de son existence. La Suisse, qui a donné tant de braves soldats à nos rois, n'a jamais prêté un homme à la République. Les Etats-Unis, qui n'eussent pu établir leur indépendance sans l'intervention armée de Louis XVI, ne croient rien devoir à la République : ils n'ont jamais dit un mot pour la secourir.

La première république n'attendit pas qu'on lui déclarât la guerre ; elle proclama follement qu'elle allait renverser tous les tyrans de leurs trônes et leur jeta en défi une tête de roi. Bientôt après elle osa porter la main sur Marie-Antoinette, fille de la maison d'Autriche. C'était s'attirer les justes colères de l'Autriche et de l'Allemagne, de l'Espagne et de l'Italie, où régnaient des Bourbons ; de la Russie, vieille alliée de nos rois ; de la Prusse et de l'Angleterre, toujours prêtes à se joindre à nos ennemis. Elle accumula fautes sur fautes, comme si elle n'avait cherché qu'à se mettre plus sûrement hors la loi : elle osa s'emparer de la personne du Pape, qu'elle fit mourir en prison ; c'était intéresser à la lutte la catholicité tout entière. Elle imposa aux peuples vaincus ses décrets tyranniques, son athéisme, ses réformes sociales, et méconnut jusqu'aux lois de la guerre entre peuples civilisés : la Convention donna l'ordre de fusiller tous les prisonniers. Ce fut dès lors une guerre d'extermination, sans trêve, ni merci, entre la barbarie et la civilisation ; guerre de vingt-trois ans, où s'engouffrèrent nos hommes par millions et notre or par milliards, et où la France devait fatalement succomber.

Le Directoire voulut se donner des alliés par les victoires de nos soldats. Les pays conquis furent, bon gré, mal gré, érigés en républiques, sur le modèle de la République française : Républiques Cisalpine, Ligurienne, Parthénopéenne, etc. Les républiques même ne trouvèrent pas grâce : la Suisse, république fédérative, fut conquise et contrainte d'adopter la Constitution française ; la république de Venise, jugée trop aristocratique, fut détruite. De telles alliances ne pouvaient survivre au joug odieux du vainqueur : au premier revers, ces républiques forcées se détachèrent de la France pour s'unir à ses ennemis.

La république de 1848 n'eut de guerre qu'avec Garibaldi, mais elle a tout fait pour provoquer contre elle une nouvelle coalition européenne. Le temps a manqué, les circonstances ne s'y sont pas prêtées. Pour des causes diverses, tous les États d'Europe étaient alors en fermentation ; une étincelle devait amener une conflagration générale : les journées de février furent cette étincelle. Des émissaires furent partout envoyés pour fomenter l'émeute ; des troubles éclatèrent simultanément en Prusse, en Allemagne, en Italie, en Belgique, en Angleterre, en Autriche. Au milieu de ce tremblement de terre, qui ébranlait tous les trônes au profit de la révolution sociale, la république proclame, le 15 mai, que « la commission exécutive continuera à prendre pour règle de sa conduite les vœux unanimes résumés en ces mots : « Pacte fraternel avec l'Allemagne, reconstitution de la Pologne indépendante et libre, affranchissement de l'Italie. » C'était déclarer la guerre à la Prusse, à l'Autriche et à la Russie, qui se sont partagé la Pologne. Chacun était trop occupé chez soi pour prêter attention aux fanfaronnades de la république, et la république était trop peu solide pour y donner suite. Quand le calme fut rétabli, la république des républicains n'existait plus.

Mais l'Europe n'a pas oublié que la République avait partout fait cause commune avec l'insurrection ; les souverains qui ont vu leur autorité méconnue, les peuples dont la paix et la prospérité ont été menacées, n'ont pas oublié qu'ils doivent ces jours d'angoisses et de luttes fratricides à l'invasion des idées républicaines. Ils se sont ligués contre la France, volcan toujours prêt à des éruptions soudaines qui couvrent l'Europe de cendres et de ruines.

Où sont-ils les alliés de la troisième république ? Sont-ce ces bandes d'ivrognes et de pillards, chassés de tous pays, que le citoyen Gambetta accueillait en frères et amis ?

Faut-il rappeler avec quelle insouciance l'Europe nous laissa fouler aux pieds par les hordes triomphantes de l'Allemagne, et avec quelle stupéfaction elle assista aux orgies sanglantes de la Commune ?

En 1815, la Russie s'était opposée au démembrement de la France, en faveur des Bourbons ; en 1870, elle avait pris d'avance un engagement analogue. Le 29 août 1870, l'empereur Alexandre fit à notre ambassadeur cette déclaration : « Je saurai, le moment venu, parler haut, si cela est nécessaire, pour faire respecter l'*inté-grité du territoire et le maintien de la dynastie.* » Quel qu'eût été l'effet de cette promesse, il est permis de croire que nous n'eussions pas perdu d'un coup l'Alsace et la Lorraine. Mais on proclama la République, et la Russie refusa de s'interposer. Seuls avec notre vainqueur, sans une voix en Europe pour réclamer la modération, nous dûmes courber la tête devant ses conditions : l'Alsace et la Lorraine, conquêtes de nos rois, étaient livrées par la République.

Et quels habiles négociateurs se choisit la République! Un Jules Favre, qui, en traitant de l'armistice, par un inexpiable oubli laisse écraser une de nos armées : 15,000 hommes restent sur la neige. Un petit bourgeois présomptueux, M. Thiers, qui se charge de traiter avec les rois et d'obtenir des réductions, des concessions. Après Sedan, la Prusse ne demandait que deux milliards, une partie de l'Alsace et de la Lorraine, sans Metz ; de M. Thiers, elle exigea toute l'Alsace, la plus grande partie de la Lorraine, Metz compris, et cinq milliards. Voilà les concessions obtenues par M. Thiers. Aucune réduction sur la contribution de guerre, aucune anticipation pour l'évacuation du pays. De tels services, complétés par les insignes maladresses qui portèrent leurs fruits au 18 mars, méritaient bien au vieux révolutionnaire une honnête récompense ! On lui vota un million cinquante trois mille francs, qu'il accepta avec empressement. Un emprunt, émis à bas prix, avec toutes sortes d'avantages pour les spéculateurs étrangers, compléta la réputation d'habileté de M. Thiers, et coûta 250 millions au Trésor.

Voilà la République, et voici la Monarchie:

En 1815, après vingt-trois années de guerres, pendant lesquelles nos soldats avaient rançonné et dévasté une partie de l'Europe, les Bourbons obtinrent de recouvrer les anciennes limites de la France et de ne payer qu'une indemnité de 700 millions. Le duc de Richelieu négocia ensuite une anticipation de quatre ans pour l'évacuation du territoire, et les alliés se retirèrent avant d'être complétement payés. On offrit au duc de Richelieu cinquante mille francs de rente viagère ; quoique pauvre, il les refusa d'abord et ne les accepta que pour en faire don aux hôpitaux. M. Thiers, qui est fort riche et prétend connaître l'histoire, n'a pas cru devoir imiter cet exemple.

Que ce soient la République et M. Thiers qui nous aient valu d'être traités plus durement après sept mois de guerre où nous seuls avions été pillés qu'après vingt-trois années de guerre et de pillage chez les autres, il est impossible d'en douter après l'aveu qu'en ont fait nos vainqueurs eux-mêmes.

Le 20 décembre 1872, M. de Bismarck écrivait à l'ambassadeur d'Allemagne à Paris :

« Il est probable, selon moi, que les paiements de l'indemnité auront lieu si M. Thiers reste au pouvoir...

« Les choses marcheraient autrement et d'une façon qui ne serait pas non plus désirable pour nous, je le crains, si, avant le paiement de l'indemnité et l'évacuation du territoire français, un des prétendants s'emparait du pouvoir. On nous prierait alors d'une façon amicale de favoriser le développement du jeune germe monarchique en *faisant à la Monarchie, au point de vue du paiement et de l'évacuation, des concessions que nous aurions refusées à la République.*

« Nous pourrions, il est vrai, refuser d'agir ainsi, mais je craindrais que d'autres cabinets, et notamment des cabinets qui nous sont sympathiques (M. de Bismarck les nomme : Londres, Saint-Pétersbourg et Vienne), ne nous recommandassent d'une manière plus ou moins pressante d'avoir des égards pour l'élément monarchique en France...

« Il en résulterait bientôt un groupement des Etats européens très-gênant pour nous, lequel exercerait d'abord sur nous une pression amicale, pour nous *faire renoncer à une partie* des avantages que nous avons acquis...

« Nous n'avons certainement pas pour devoir de *rendre la France puissante* en consolidant sa situation intérieure et *en y établissant une monarchie* en règle, ni *de rendre la France capable de conclure des alliances* avec des puissances qui ont jusqu'à présent **avec** nous des relations d'amitié.

« L'inimitié de la France nous oblige de désirer qu'elle reste faible, et nous agissons d'une manière très-désintéressée en ne nous opposant pas avec résolution et par la force à l'établissement d'institutions monarchiques solides, tant que le traité de Francfort n'aura pas été complétement exécuté...

« Nos besoins exigent que la France nous laisse en paix et que nous l'empêchions, au cas où elle ne voudrait pas respecter la paix conclue, de trouver des alliances. Tant qu'elle n'a pas d'alliés nous n'aurons rien à craindre d'elle.

« Tant que les monarchies marcheront d'accord, la République ne pourra rien leur faire. C'est pour cette raison que la *République française trouvera très-difficilement un allié parmi les Etats monarchiques.* »

Est-ce assez clair et positif ? M. de Bismarck patronne le gouvernement de M. Thiers et la république modérée parce qu'elle est impuissante, sans alliés, et que les concessions qui auraient été demandées, peut-être exigées en faveur d'un gouvernement monarchique, sont refusées sans débat à la république de M. Thiers.

Mais M. de Bismarck ne chérit pas moins la république radicale du citoyen Gambetta et complices, voire même la Commune ; si ce n'étaient *ses sentiments d'hu-*

manité, il la reverrait avec satisfaction. La raison qu'il en donne est bonne à retenir :

« Tout le monde connaît les conversions colossales opérées depuis *l'experimentum in corpore vili* fait avec la Commune sous les yeux de l'Europe. (M. de Bismarck parle de l'Allemagne ; en France, il n'y a eu de conversions, ni petites, ni *colossales*.) Des rouges sont devenus des libéraux modérés et ceux-ci sont devenus des conservateurs. La France nous sert d'exemple.

« Si la France représentait devant l'Europe un second acte du drame interrompu de la Commune — chose que je ne désire point par humanité — elle contribuerait à faire apprécier davantage aux Allemands les bienfaits d'une constitution monarchique et augmenterait leur attachement aux institutions de la monarchie. »

Ainsi la République modérée ou radicale a enfin trouvé un allié parmi les Etats monarchiques : la Prusse ; et un protecteur puissant, intelligent, qui sait en tirer parti : M. de Bismarck. « Le régime qui en s'acclimatant en France fera le mieux les affaires de la Prusse, c'est le régime républicain. » (*Gazette de Cologne.*) Tous les républicains, modérés ou radicaux, peuvent donc dans un élan de juste reconnaissance mêler au cri de : Vive la République ! celui de : Vive la Prusse !

En vain les modérés — toujours sans programme personnel et défini — espèrent-ils vaguement obtenir un jour, par des preuves répétées de sagesse, par l'adoption d'institutions monarchiques, l'alliance ou au moins la tolérance de gouvernements honnêtes, tout comme une Monarchie. Le nom de la République est justement odieux à l'Europe, il inspire à tous l'horreur et la méfiance, et les souverains considèrent comme leur droit et leur devoir de tenir leurs peuples en garde contre toutes les séductions de la République, même paisible, même honnête.

Les radicaux ont au contraire un programme, irréalisable il est vrai, mais conséquence logique des principes républicains. L'évidence démontrant qu'il n'y a pas d'alliance possible entre la république et les monarchies européennes, et que la république est fatalement et toujours menacée par une conjuration des peuples et des rois, ils veulent opposer conjuration à conjuration, et demandent la République universelle : beau rêve caressé par Victor Hugo et Garibaldi, par Vermesch et Gambetta, par Louis Blanc et Pipe-en-Bois ! Hélas ! depuis bientôt un siècle que nous souffrons, pour l'établissement de la République, les plus lamentables expériences, et que nous donnons à l'univers le spectacle de nos misères, la République universelle n'a pas fait un pas en Europe, aucun peuple ne semble tenté d'imiter notre exemple.

La République universelle ! chimère qui ne se réalisera qu'en un jour suprême, où tous les trônes s'écrouleront, où tous les peuples se lèveront dans l'angoisse et l'épouvante, les pleurs et les grincements de dents, où les vivants et les morts entreront glorifiés ou maudits dans l'éternité, le jour du jugement dernier !

Telle a été la République en France et telle elle sera.

Le dernier essai qu'on en fait actuellement, la République sans républicains et contre les républicains — de toutes les lubies politiques, la moins raisonnable — réussît-il contre toute prévision, ne prouverait qu'une chose qu'il n'était pas besoin de prouver : la République

6.

n'est pas une forme de gouvernement inacceptable en elle-même, ce sont les républicains français qui en font, en France, le pire des gouvernements. ·

Mais sera-t-il possible, la République une fois proclamée et acceptée, de continuer à déporter les républicains turbulents, à tenir éloignés du pouvoir les moins compromis, à repousser comme funestes leurs institutions, leurs programmes et leurs aspirations? Faut-il espérer en même temps que tous les conservateurs, jusqu'à présent ennemis de la République, deviendront tout d'un coup ses fervents adeptes, sans motif évident de conversion, uniquement pour la plus grande joie de M. Wallon? Tout cela est peu probable, et c'est bien légèrement compromettre l'avenir de la France que de l'aventurer sur la foi de telles chimères.

En dépit des utopistes, le gros bon sens dira : La République est le gouvernement des républicains, le gouvernement où les citoyens Thiers, Gambetta et Félix Pyat disposeront ensemble des places et du Trésor pour leurs frères et amis, et nous rendront les beaux jours de 93, de 48, du 4 septembre et de la Commune; elle n'est pas le gouvernement des conservateurs qui ont toujours préféré la Monarchie. Qui veut la République, veut les républicains.

Mais jusqu'à présent il serait difficile de découvrir en quoi ce dernier essai a réussi. Malgré la bonne volonté de la Chambre et la ferme attitude du maréchal de Mac-Mahon, garant de l'ordre matériel, depuis quatre ans que la guerre et la Commune sont terminées, rien ne s'est notablement amélioré dans la situation de la France.

Nous n'avons payé ni les 5 milliards de la Prusse, ni les 4 milliards 886 millions de frais de guerre dont l'Etat a pris charge. Nous avons emprunté à un taux élevé : nous devons le. capital et les intérêts. La dette publique de l'Empire a été doublée par la République et flotte entre 25 et 30 milliards.

Les crédits du budget sont en progression constante. En 1872, l'Etat demandait 2 milliards 331 millions ; en 1873, le budget a été augmenté de 30 millions ; en 1874, de 158 millions ; en 1875, de 26 millions ; et pour 1876, de 17 millions, soit actuellement 2 milliards 616 millions. La République, plus coûteuse que l'Empire, tend à atteindre les 3 milliards. La Restauration, placée dans des conditions analogues, dès 1818, trois ans seulement après la guerre, diminuait déjà la cote personnelle et mobilière de 14 millions ; de réduction en réduction, l'impôt français fut diminué en dix ans de 92 millions.

Tous les budgets, malgré les impôts écrasants, se liquident forcément avec un excédant de dépenses : déficit de 166 millions, en 1872 ; de 209 millions, en 1873 ; de 52 millions, en 1874 ; on peut prévoir de pareils déficits en 1875 et 1876. De nouveaux impôts et un nouvel emprunt de plus d'un milliard paraissent inévitables.

On a voulu réorganiser l'armée. Il est impossible de préjuger quel sera le résultat des nouvelles études, des nouvelles manœuvres et des changements d'uniforme. Mais ce qui est acquis dès maintenant, c'est que le service obligatoire, s'il a augmenté le nombre des recrues, en restreignant le temps du service, a diminué le nombre des vrais soldats. Il n'y a plus dans notre armée que des officiers et des conscrits ; compte-t-on en temps de guerre se passer de soldats aguerris et de sous-officiers ?

Nos relations avec les puissances étrangères sont

aussi difficiles que jamais. Nous n'avons aucun allié, et la tyrannie de la Prusse se fait aussi lourdement sentir que si elle n'avait pas évacué notre territoire et qu'elle eût encore quelque chose à réclamer. Au moindre malentendu, même quand nous ne sommes pas directement en cause, alerte générale ; les fonds baissent et les bruits de guerre circulent. Sur un signe de la Prusse, on coupe la parole aux évêques, on suspend ou supprime les journaux. Nous ne sommes rien au dehors et nous ne sommes pas maitres chez nous.

Nous n'échappons même pas au coup de pied de l'âne : il n'est si misérable Etat en Europe qui ne se permette de nous dicter ses volontés. L'Italie demande le rappel de l'*Orénoque*, dernier vestige de notre prépondérance en Italie, et nous rappelons l'*Orénoque*. L'Espagne, la république sœur, nous envoie des notes comminatoires et nous nous excusons bien humblement.

Ceux qui se donnent pour satisfaits de la situation de la France, ont sans doute leurs raisons particulières de tenir à cet état de choses, mais leur patriotisme est certainement peu exigeant.

La paix, quoique sans cesse compromise, se prolonge à force d'humiliations ; l'ordre matériel est assuré pour le présent, mais au moyen de mesures autoritaires, qui sembleraient plutôt convenir à une monarchie autocratique qu'à une république libérale : maintien de l'état de siége, augmentation de la gendarmerie, etc. Eh bien ! malgré cette paix et cet ordre matériel provisoires, malgré de magnifiques récoltes, le commerce reprend difficilement et les transactions à longue échéance sont indéfiniment ajournées.

Enfin ce qu'on avait tant promis de la continuation

du provisoire, l'apaisement des partis, semble plus éloigné que jamais d'un commencement de réalisation. Les dissensions politiques s'accusent toujours davantage. Les partis extrêmes ne veulent d'aucune conciliation, ne reconnaissent d'autre loi que celle du plus fort, se croient les maîtres du lendemain et ne craignent pas de proposer des mesures désespérées. Les partis modérés se jalousent, se fractionnent et se subdivisent, sacrifient leurs principes pour des expédients, perdent toute leur énergie à des luttes de détail et vont s'annihilant de jour en jour. Toute solution des questions gouvernementales est livrée au hasard de coalitions éphémères. Dans ce désarroi, dans cet effacement des honnêtes gens, les audacieux ont beau jeu pour un coup d'Etat.

Et cependant il se trouve des rêveurs pour vouloir rendre ce désordre définitif, pour prétendre donner une constitution à cette république-fantôme, qu'on n'a pas proclamée et dont on ose à peine prononcer le nom quoique son nom soit tout ce qu'elle a de la république.

Le pouvoir sera-t-il ainsi affermi et l'ère des révolutions fermée? Les émeutes et les coups d'Etat n'ont pas l'habitude de se gêner pour une constitution, et la France a eu tant de constitutions depuis un siècle qu'elle ne peut plus les prendre au sérieux. En réalité une constitution n'engage personne à quoi que ce soit : ceux qui ont pu la faire ont autant de droit pour la défaire, ceux qui ne l'ont pas votée conservent le droit de la combattre jusqu'à ce qu'ils l'aient jetée bas.

L'Assemblée nationale, dans un moment d'impatience a donné une voix de majorité à la République. On se met aussitôt à l'œuvre : on organise une république toujours susceptible de révision, de transformation, de suppression légale, à une voix de majorité. Le pouvoir législatif est donné à deux Chambres, dont l'une, le Sénat, est complètement inutile — et avec raison — aux yeux des *purs* républicains. Ce Sénat n'est pas formé par le suffrage universel, mais par une élection à deux degrés. Le pouvoir exécutif est confié à un président, non nommé par le suffrage universel et indéfiniment rééligible, pouvant dissoudre et proroger les Chambres selon son bon plaisir, et jouissant de tous les droits de la souveraineté, sauf l'hérédité, qui seule donne quelque stabilité au gouvernement, en inspirant le respect et la confiance, et en garantissant l'avenir.

Est-ce une plaisanterie? Si on veut la République, pourquoi la faire à l'usage exclusif des monarchistes, et contraire à toutes les tradit.ons républicaines? On mécontente ainsi tout le monde, pour la seule satisfaction de MM. Wallon et Laboulaye : les monarchistes, parce que les institutions monarchiques ne sont rien sans le roi ; les républicains, parce que le nom de République n'est rien sans les institutions républicaines ; et les bonapartistes, parce qu'on ajourne l'Empire. Et l'on croit faire quelque chose de durable, de définitif!

Mais c'est une *tête de turc* que cette république-là !

La France attend, fiévreuse d'impatience, qu'on la tire enfin de cette interminable provisoire, et on constitue le provisoire, et on s'amuse à des expériences dangereuses, qui n'ont jamais *tourné qu'au sang et à l'imbécillité*.

Le Prussien est là, sac au dos et fusil chargé ; il a déjà dépensé nos milliards, il est pauvre, il n'a d'autre ressource que la guerre; il guette l'occasion de nous redemander d'autres milliards et de s'annexer une plus large part de la France.

La révolution sociale, la Commune sont là, se préparant dans l'ombre, se glissant au pouvoir, s'exaltant au souvenir de la dernière défaite, épiant l'heure de la revanche.

Le moment est mal choisi pour les plaisanteries , les jongleries, les fantasmagories et les chinoiseries du *Wallonat*.

Ce qu'il faut à la France, ce qu'elle demande par tous ses votes sages ou menaçants, ce qu'elle désire, ce qu'elle espère de tout son cœur et de toute son âme, ce n'est pas une constitution, ce n'est pas la République... c'est une régénération !

La Révolution a fait son temps : ses légendes doivent disparaître devant les faits ; ses héros sont bafoués par l'histoire ; ses crimes, ses folies, ses contradictions se dressent contre elle pour l'accabler ; ses promesses menteuses et ses *immortels principes* n'enthousiasment plus que des dupes volontaires ; ruines morales et ruines matérielles, elle a donné tout ce qu'elle pouvait donner, et s'est montrée impuissante à rien relever ; ses rêves de rénovation sociale et d'âge d'or sont leurre et mystification... La Révolution est un retour mal déguisé vers la barbarie.

Depuis un siècle que nous nous traînons dans la même ornière, le progrès réclame enfin ses droits ; il les réclame impérieusement, sous peine de mort.

Il ne peut plus être question de République : l'excès du mal n'en est pas le remède.

Il nous faut un gouvernement de régénération , fondé sur des principes contraires à ceux de la République, sur le respect de l'autorité et le sentiment du devoir, un gouvernement sagement et longuement expérimenté dans la prospérité et dans le malheur ; un gouvernement conforme aux habitudes, aux goûts, au vœux du pays, aux nécessités présentes, qui puis être considéré comme le gouvernement naturel et né cessaire de la France, et non comme l'avénement d'u parti, comme un régime d'essai et d'aventure. Il nou faut avec lui l'extinction des haines sociales, l'ordr dans la liberté, un passé d'honneur et de gloire, qu soit garant de l'avenir. Il nous faut l'alliance des plu honnêtes parmi les nations européennes et le respec des autres.

Il nous faut un homme qui ne soit en rien compromis avec la Révolution, un homme qui impose la confiance et soit honoré par ses ennemis mêmes, u homme vers qui se tournent naturellement toutes le intelligences, tous les dévouements, tous les hommages, comme vers le symbole vivant et le résumé de la patrie, un homme qui soit un principe, qui soit la contrerévolution : le Roi !

FIN

Tours, imp. Mazereau.

9 782019 221621